Les meilleures recettes à
l'autocuiseur

Cinda Chavich

Traduit par La Mère Michel et Dominique Chauveau

Guy Saint-Jean
ÉDITEUR

Catalogage avant publication de la Bibliothèque nationale du Canada

Chavich, Cinda
 Les meilleures recettes à l'autocuiseur
 Traduction de: The best pressure cooker recipes.
 Comprend un index.
 ISBN 2-89455-114-2
 1. Cuisson sous pression. I. Titre.
 TX840.P7C4214 2003   641.5'87   C2003-941481-7

Nous reconnaissons l'aide financière du gouvernement du Canada par l'entremise du Programme d'Aide au Développement de l'Industrie de l'Édition (PADIÉ) ainsi que celle de la SODEC pour nos activités d'édition.

Gouvernement du Québec — Programme de crédit d'impôt pour l'édition de livres — Gestion SODEC

© pour l'édition en langue anglaise ayant servi à cette traduction Cinda Chavich 2001
 Publié originalement au Canada en 2001 sous le titre de : *The Best Pressure Cooker Recipes*, par Robert Rose inc., 120 Eglinton Avenue East, Suite 100, Toronto, Ontario, M4P 1E2.
 © Pour l'édition en langue française Guy Saint-Jean Éditeur Inc. 2003
 Photographie : Mark T. Shapiro
 Conception graphique : Christiane Séguin
 Traduction : La Mère Michel et Dominique Chauveau
 Révision linguistique : Jeanne Lacroix

Dépôt légal 4e trimestre 2003
 Bibliothèques nationales du Québec et du Canada
 ISBN 2-89455-114-2

DISTRIBUTION ET DIFFUSION
 Amérique : Prologue
 France : Vilo
 Belgique : Diffusion Vander S.A.
 Suisse : Transat S.A.

Tous droits de traduction et d'adaptation réservés. Toute reproduction d'un extrait quelconque de ce livre par quelque procédé que ce soit, et notamment par photocopie ou microfilm, est strictement interdite sans l'autorisation écrite de l'éditeur.

GUY SAINT-JEAN ÉDITEUR INC., 3154, boul. Industriel, Laval (Québec) Canada. H7L 4P7.
 (450) 663-1777. Courriel : saint-jean.editeur@qc.aira.com Web : www.saint-jeanediteur.com

GUY SAINT-JEAN ÉDITEUR FRANCE, 48 rue des Ponts, 78290 Croissy-sur-Seine, France.
 (1) 39.76.99.43. Courriel : gsj.editeur@free.fr

Imprimé et relié au Canada

Sommaire

Introduction 9
Tout ce qu'il faut savoir sur la cuisson sous pression 12
Table des temps de cuisson 25
Remerciements 28

ENTRÉES 29

Artichauts braisés à l'aïoli au poivron rouge 30
Hoummos 32
Dhal et pappadams (Inde) 33
Pois chiches épicés 34
Trempette aux haricots blancs 36
Caponata 37
Gâteau au fromage aux tomates séchées 38
Feuilles de vigne farcies au bœuf et au riz 40
Boulettes de poulet à la marocaine et sauce tomate crémeuse 42

SOUPES 45

Soupe épicée aux patates douces 46
Soupe aux légumes-racines 47
Soupe mexicaine aux haricots pinto 48
Pot-au-feu écossais 50
Soupe thaïlandaise au curry vert et aux patates douces 51
Soupe aux haricots rouges et au saucisson ukrainien 52
Borscht aux légumes 54
Soupe au jambon et aux pois cassés 56
Soupe à la citrouille 57
Soupe marocaine aux pois chiches (Harira) 58
Gombo louisianais aux haricots noirs 60

SOUPES (SUITE)

Soupe épicée aux haricots et à l'orge 62
Bisque aux champignons et aux pommes de terre 64
Soupe d'hiver aux champignons et à l'orge 65
Pasta e fagioli (Italie) 66

VOLAILLES 69

Ragoût de poulet aux légumes 70
Poulet et nouilles à la thaïlandaise 72
Poulet du dimanche de grand-maman 74
Ragoût de poulet à la louisianaise 76
Coq au vin 78
Poulet au saucisson et au riz 80
Poulet à la sauce aux champignons 81
Dinde aux pruneaux et à l'armagnac 82
Ragoût de poulet marocain au citron (Tagine) 84
Poulet entier rôti au citron, à l'ail et aux herbes 86
Fricassée de poulet à la jamaïcaine 88
Cuisses de poulet au curry et au couscous 90
Poulet rapide à la dijonnaise 92

VIANDES 93

Rôti de bœuf (ou de bison) 94
Bœuf barbecue sur petit pain 96
Ragoût de bœuf épicé à la bière 98
Côtes de bœuf à la sauce barbecue 100
Steak de ronde à la louisianaise 102
Poitrine de bœuf à la mexicaine 104
Boulettes de viande suédoises 106
Osso buco 108
Côtelettes de porc au chou rouge et aux pommes 110
Tortillas au porc, aux tomates vertes et aux piments 112
Épaule de porc style Kansas City 114

SOMMAIRE

VIANDES (SUITE)
- Goulasch de porc aux bolets 116
- Porc et aubergine à la saïgonnaise 118
- Rôti de porc au calvados et aux fruits 120
- Agneau à l'indienne 122
- Ragoût d'agneau à l'espagnole 124
- Curry d'agneau aux lentilles 126
- Épaule d'agneau braisée à la grecque 128

POISSONS ET FRUITS DE MER 131
- Saumon au vin rouge à la vapeur 132
- Loup de mer braisé à la provençale 134
- Ragoût de morue (cabillaud) et de moules aux tomates et aux olives vertes 136
- Ragoût de fruits de mer au curry 138
- Gombo de fruits de mer à la louisianaise 140
- Rouget aux haricots noirs fermentés et au miso 142
- Darnes de flétan aux poivrons 144

PLATS VÉGÉTARIENS ET SALADES 145
- Salade chaude de lentilles au citron 146
- Salade de pois chiches aux poivrons et à l'oignon 148
- Ragoût de pois chiches et de légumes 150
- Pommes de terre et pois chiches à l'espagnole 152
- Chili végétarien à l'orge, aux lentilles et aux haricots noirs 154
- Lentilles crémeuses et cheddar 155
- Curry de lentilles aux épinards 156
- Couscous aux légumes 158
- Haricots blancs style Boston 160
- Haricots rouges et orge au goût des Caraïbes 162
- Risotto d'orge Primavera 163
- Riz à l'indienne (Biryani) 164
- Châtaignes au chou rouge et aux pommes 166

HARICOTS, FÈVES ET CÉRÉALES
167

- Mode de préparation des fèves et des haricots secs 168
- Haricots de Lima et bacon braisés 172
- Haricots blancs au jambon et au cheddar 173
- Haricots blancs à la navarraise 174
- Haricots blancs et côtes levées de bœuf 175
- Chili aux haricots noirs 176
- Chili de porc et de bœuf aux piments anchos 178
- Ragoût de champignons, saucisses et lentilles braisés 180
- Grains de blé entier à la carbonara 182
- Risotto au safran 183
- Risotto aux légumes rôtis et aux feuilles de betteraves 184
- Risotto à l'ail rôti et au fromage 186
- Risotto aux champignons et aux crevettes 187
- Riz pilau (Inde) 188
- Casserole de riz sauvage aux champignons et aux châtaignes 189
- Orge à la menthe et aux légumes-racines 190

DESSERTS
191

- Gâteau au fromage au citron et à la lime 192
- Gâteau au fromage aux chocolats noir et blanc 195
- Gâteau au fromage au café et à l'orange 198
- Pouding aux abricots à la sauce au cognac 201
- Crème caramel au lait de coco 204
- Crème renversée au citron et compote de petits fruits 206
- Gâteau au citron et aux graines de pavot 208
- Poires pochées au vin rouge épicé 210
- Compote de fruits d'hiver 212
- Plum pudding 214
- Pouding au chocolat et crème anglaise à la vanille 217
- Pouding au riz et aux canneberges séchées 220

SOMMAIRE

CONFITURES ET CHUTNEYS
221

Mode de préparation des confitures et des chutneys 222
Confiture de fraises 224
Confiture d'abricots 225
Confiture d'abricots séchés 226
Confiture aux cinq fruits 227
Mincemeat aux poires 228

BOUILLONS ET SAUCES
229

Mode de préparation des bouillons 230
Bouillon de légumes 232
Bouillon foncé 233
Bouillon de dinde ou de poulet 234
Fumet de poisson 235
Sauce tomate de base (pour pâtes) 236
Ma sauce barbecue favorite 237
Sauce tomate à la viande 238
Sauce piquante Ranchero 240

Index général 241
Index par aliment 245
Index par pays 245

Introduction

Si l'on me demandait quel est, à mon avis, l'instrument culinaire du futur, c'est sans hésiter une seconde que j'opterais pour la dernière génération des autocuiseurs.

En tant qu'auteure gastronomique, j'ai dû, au cours de ma carrière, acheter tous les trucs et gadgets imaginables pour équiper ma cuisine. Certains donnent de bons résultats quand vous en avez occasionnellement besoin. D'autres, comme le four à micro-ondes, ne sont d'aucune utilité pour cuire les aliments mais sont indispensables pour dégeler, cuire à la vapeur, faire fondre ou réchauffer certains aliments. J'ai dû en mettre beaucoup au rancart : ils ne donnaient tout simplement pas les résultats escomptés.

Longtemps j'ai rangé les autocuiseurs dans cette dernière catégorie. Non qu'ils ne donnaient pas de bons résultats mais parce que les vieux autocuiseurs des années 1950 me faisaient un peu peur. Comme la plupart des gens, j'avais entendu parler de désastres survenus lors de l'explosion d'un autocuiseur. Après tout, qui veut risquer sa vie, et passer trois jours à ramasser un dégât, seulement pour cuire son repas un peu plus rapidement ?

C'est alors que je remarquai que les autocuiseurs recommençaient à être en vedette dans toutes les meilleures cuisineries. On disait ces nouveaux modèles aux lignes aérodynamiques à toute épreuve. J'étais sceptique mais, finalement, ma curiosité professionnelle l'emporta. C'est ainsi que je finis par me munir d'un de ces nouveaux appareils aux lignes pures et futuristes.

En enquêtant sur les nouveaux modèles offerts, je me rendis vite compte que ces autocuiseurs n'avaient rien à voir avec les « dinosaures » qui les avaient précédés. La plupart de ces nouveaux modèles en acier inoxydable — se présentant sous la forme de casseroles ou de marmites de différentes tailles — étaient super-sophistiqués, solides, à fond épais et munis de plusieurs dispositifs de sûreté.

Avec ces nouveaux modèles, finis les sifflements et les tremblements inquiétants des vieux régulateurs de pression. À leur place, la plupart des nouveaux autocuiseurs sont munis d'un régulateur de pression plus fiable et d'une soupape d'évacuation rapide qui vous permet de libérer la vapeur de la marmite sans avoir à la transporter sous un jet d'eau froide pour la refroidir.

Il est impossible de mettre plusieurs des nouveaux modèles sous pression à moins que leur couvercle ne soit correctement scellé ; de même il est devenu pratiquement impossible de bloquer l'orifice de la soupape de sûreté par accident et de vous retrouver avec un mur couvert de haricots de Lima.

Toutefois, ce ne sont pas ces nouveaux avantages de commodité et de sûreté qui m'ont séduite et accrochée, c'est la nourriture.

Imaginez un risotto crémeux qui cuit tout seul à la perfection en 6 minutes exactement! Imaginez votre demeure remplie, en une petite demi-heure, des arômes capiteux d'un ragoût de bœuf au vin rouge! Imaginez que vous faites vous-même des bouillons de viande ou de légumes sains et parfumés sans avoir comme autrefois à les faire mijoter des heures et des heures, ce que la vie moderne permet à peu d'entre nous!

En fait, c'est ce qui a fait de l'autocuiseur un de mes plus précieux instruments de cuisine. Bien sûr qu'on ne peut pas tout faire cuire dedans mais, tout comme un robot culinaire, c'est un instrument qui peut épargner beaucoup de temps et d'énergie.

Comme bien des gens, j'essaie de manger des mets faits à la maison, sains et avec des aliments non transformés. Cela veut dire plus de plats à base de légumes, de fèves et de haricots secs, et de céréales entières.

INTRODUCTION

Je veux aussi pouvoir servir des mets de tous les coins du monde — des curries, des soupes mexicaines aux haricots noirs, du risotto aux crevettes, du poulet à la thaïlandaise et des ragoûts espagnols au safran. Le problème est qu'aujourd'hui peu d'entre nous avons le temps de préparer ces plats élaborés.

C'est là que l'autocuiseur s'avère un outil précieux. Les plats qui exigeaient autrefois de longues heures de cuisson peuvent être prêts en moins d'une heure. Vous pouvez cuire une soupe ou un ragoût en moins du tiers du temps normalement requis pour le faire. Les haricots secs peuvent être cuits en moins de 15 minutes. De même, l'orge mondé ou les grains de blé entier peuvent être prêts à manger en moins de 45 minutes.

Non seulement l'autocuiseur peut-il vous épargner du temps mais aussi de l'argent et peut-être surtout vous empêcher de sombrer dans l'ennui culinaire le plus complet. Dans le même temps que cela vous prendrait pour préparer vos habituelles poitrines de poulet ou côtelettes de porc, vous pouvez faire griller ou sauter une pièce de viande bon marché, préparer des côtés levées succulentes, un ragoût de poulet fondant ou un nutritif plat de haricots. Ainsi, grâce à l'autocuiseur, vous pourriez dès ce soir servir un savoureux ragoût, un Coq au vin (p. 78) ou un Agneau à l'indienne (p. 122) à vos invités surpris... et heureux. Servez votre poulet grillé avec des Grains de blé entier à la Carbonara (p. 132) ou faites une grosse marmite de soupe en moins de 15 minutes. Une fois que vous aurez préparé à l'autocuiseur un ragoût qui goûte et sent comme s'il avait été mitonné toute la journée, vous ne pourrez plus vous en passer, ça je vous le garantis.

Contrairement à ce qui se passe pour beaucoup de gadgets culinaires éphémères, encombrants et, finalement, inutiles, jamais vous ne regretterez d'avoir acheté un autocuiseur. En fait, si vous êtes comme moi, vous vous demanderez comment vous avez pu vous en passer jusque-là!

Tout ce qu'il faut savoir sur la cuisson sous pression

La théorie de la cuisson sous pression est simple. En soumettant à la chaleur un récipient contenant de l'eau et scellé, il se bâtit une pression à l'intérieur de celui-ci. Cette pression — qui varie entre 5 et 15 livres de pression par pouce carré (psi) (avec d'autres autocuiseurs, l'unité de mesure est le bar; dès qu'on dépasse 1 bar, il y a surpression) — fait cuire les aliments placés dans le récipient à une température d'environ 120 °C (250 °F), c'est-à-dire 20 °C (38 °F) de plus que le point d'ébullition normal. Il en résulte que les temps de cuisson sont de beaucoup réduits. La plupart des aliments sont cuits en un tiers du temps normalement requis pour les faire bouillir ou braiser.

Petite histoire de l'autocuiseur

C'est un inventeur français, Denis Papin, qui le premier, en 1675, eut l'idée de visser un couvercle sur une marmite de fonte pour y enfermer de la vapeur. Il découvrit ainsi que la vapeur produisait une température de cuisson de 15 % supérieure à celle du point d'ébullition normal. Un siècle et demi plus tard environ, c'est un autre inventeur français, Nicolas Appert, qui perfectionna la méthode de conservation des aliments sous haute pression.

Les premiers autocuiseurs géants furent lancés en Amérique du Nord par la National Presto Industries en 1915 et, dès 1940, beaucoup de manufacturiers vendaient des « marmites à pression » aux ménagères affairées.

Les premiers autocuiseurs étaient des instruments relativement simples consistant en une marmite lourde et un couvercle scellé. L'herméticité de la marmite était assurée par un joint d'étanchéité de caoutchouc et c'est un poids placé sur un conduit à orifice qui contrôlait la pression de la marmite. À mesure que la vapeur se condensait dans la marmite, la pression soulevait légèrement le poids et laissait s'échapper la vapeur et s'évacuer en même temps le surplus de pression. Ce cycle de va-et-vient de la pression faisait osciller et siffler la soupape placée sur le couvercle.

Toutefois, si ces autocuiseurs étaient fonctionnels, ils n'en restaient pas moins relativement dangereux. Il suffisait que l'orifice de la soupape de sûreté s'obstrue pour que la pression de la marmite atteigne rapidement des niveaux dangereux. Il fallait alors immédiatement transporter la marmite sous un jet d'eau froide — un exploit en soi! — pour éviter que la soupape de sûreté n'explose et que tout le contenu de la marmite se retrouve aux quatre coins de la cuisine.

Avec le temps, la popularité des autocuiseurs tomba et c'est le four à micro-ondes qui, dans les années 1970, devint l'instrument de cuisson rapide favori des Nord-Américains. Les Européens, quant à eux, rejetèrent ce nouveau mode de cuisson et, pendant 25 ans, des manufacturiers européens comme Lagostina (Italie), T-Fal (France), Kuhn-Rikon (Suisse) purent donc travailler à perfectionner les autocuiseurs en y apportant des innovations qui les rendraient faciles et sûrs d'utilisation. Aujourd'hui, tandis que la plupart des Européens se servent de l'autocuiseur pour préparer rapidement leurs repas, les Nord-Américains commencent seulement à redécouvrir les avantages de cet instrument culinaire précieux.

Les modèles les plus récents d'autocuiseur comprennent un régulateur de pression, qu'il s'agisse d'un poids fixé sur le couvercle ou d'une soupape à ressort de sûreté. Ce système maintient la pression égale en laissant de temps à autre s'évacuer un jet de vapeur; il permet d'évacuer rapidement la pression de la marmite à la fin de la cuisson simplement en pressant ou en tournant un bouton. Ce système risque beaucoup moins de se bloquer comme les anciens mécanismes parce que, comme il libère constamment de la vapeur, il devient pratiquement impossible qu'un fragment de nourriture en obstrue l'orifice.

Les nouveaux autocuiseurs sont aussi munis de deux et même trois systèmes d'évacuation de la vapeur de sorte qu'il devient pour ainsi dire impossible qu'une marmite sous pression «explose». Tandis que les vieux modèles étaient munis d'une soupape qui sautait dès qu'il y avait surpression dans la marmite, cela est devenu tout simplement impossible avec la nouvelle génération d'autocuiseurs.

C'est ainsi que la plupart des nouveaux autocuiseurs sont dotés de plusieurs dispositifs de sûreté. Dès qu'il y a suffisamment de pression dans la marmite, un mécanisme de blocage du couvercle s'enclenche. Cela vous indique que la marmite est sous pleine pression et vous empêche d'en ouvrir le couvercle tant qu'elle le restera.

On trouve aussi sur beaucoup d'autocuiseurs une ou même deux soupapes de sûreté supplémentaires — habituellement sur le pourtour du couvercle — conçues pour libérer la vapeur, non le contenu de la marmite, si jamais la soupape principale faisait défaut ou s'obstruait durant la cuisson.

De quel type d'autocuiseur avez-vous besoin ?

La chose la plus importante à se rappeler quand on fait l'achat d'un autocuiseur c'est que, là comme ailleurs, on n'en a jamais que pour son argent. Avant même de vous rendre dans une cuisinerie, sachez d'abord avec précision ce dont vous avez vraiment besoin.

Les autocuiseurs les plus chers sont munis de plus de cloches et de sifflets et ont plus de dispositifs de sûreté et un fond plus épais. Si vous n'avez pas peur de vous servir d'un ancien modèle, vous en trouverez toute une gamme à prix peu élevés. Toutefois, si ces vieux modèles vous font encore peur, choisissez un modèle plus récent.

Recherchez d'abord un autocuiseur dont le couvercle se scelle et devient impossible à dévisser tant qu'il y a de la pression dedans. Regardez avec soin de quel(s) dispositif(s) de sûreté sont munis les autocuiseurs qu'on vous propose. Comme nous l'avons déjà dit, avec les « vieux » autocuiseurs, dès qu'il y avait surpression, la soupape de sûreté sautait, avec tous les risques que cela comportait. Les modèles les plus récents sont munis d'un ou plusieurs systèmes de sûreté qui évacueront automatiquement la vapeur et la pression — pas le contenu de la marmite — si jamais, pour une raison ou une autre, la soupape principale fonctionnait mal.

Avant d'investir dans l'achat d'un autocuiseur, prenez tout votre temps pour déterminer avec précision ce dont vous avez besoin (la plupart des manufacturiers ont un site Internet). Allez dans autant de magasins que vous le pouvez tout en vous rappelant que les modèles récents de compagnies comme Lagostina, T-Fal, Kuhn-Rikon et Presto ne sont toujours vendus que dans les cuisineries spécialisées et certaines boutiques de produits haut-de-gamme.

Au moment de l'achat, ouvrez et fermez l'autocuiseur. Le couvercle est-il facile à manipuler? Auriez-vous peur d'ouvrir l'autocuiseur s'il était très chaud? Vous serait-il facile de soulever la marmite si elle était chaude et pleine de soupe ou de ragoût? La prise des poignées est-elle confortable à manipuler? Resteront-elles froides quand le contenu de la marmite sera bouillant?

Examinez bien la soupape de sûreté. Sur certains modèles, celle-ci évacue la vapeur par le haut, sur d'autres, par les côtés et vers le bas (épargnant ainsi au plafond de votre cuisine un bain d'humidité). S'il y a deux niveaux de pression ou un cadran, vous pouvez évacuer graduellement la vapeur. Certains autocuiseurs ne sont munis que d'une balle de métal qui oscille — la vapeur jaillit alors dans tous les sens et la balle de métal peut devenir très chaude. Avec d'autres modèles, il suffit de presser la soupape avec votre doigt (ou une cuiller de bois) pour libérer la vapeur ; c'est simple mais cela demande quand même beaucoup de temps puisque vous devez rester près de la marmite tant que dure l'opération. Pesez soigneusement toutes les options qui s'offrent à vous.

Si vous achetez un modèle moins sophistiqué (sans soupape à ressort d'évacuation de la pression), vous devrez retirer la marmite du feu et laisser la pression tomber d'elle-même ou prendre la marmite bouillante, la transporter jusqu'à l'évier puis la mettre sous un jet d'eau froide jusqu'à ce que la chaleur et la vapeur se dissipent.

Par ailleurs, si vous avez l'intention de cuire des desserts dans votre autocuiseur, il serait préférable d'acheter un modèle à (au moins) deux niveaux de pression — haute pression (de 13 à 15 psi) et basse pression (de 5 à 8 psi) — parce que la plupart des gâteaux et des poudings lèvent mal sous une pression trop élevée. La cuisson sous basse pression est aussi indiquée pour les aliments délicats et les sauces épaisses qui ont facilement tendance à brûler.

Choisissez un modèle assez grand pour contenir un rôti ou une petite dinde — un modèle d'une capacité de 6 à 7 litres (5 à 6 pintes) convient à la plupart des familles. Un modèle plus petit, de type casserole, conviendra parfaitement à la cuisson ultrarapide des légumes, des poissons et des mets délicats.

Un autocuiseur en acier inoxydable à grande surface de cuisson et à fond épais se prêtera mieux au rôtissage des aliments qui auront ainsi moins de chances de brûler. En outre, ce type d'autocuiseur sera beaucoup plus facile à nettoyer. Certaines compagnies proposent des ensembles d'autocuiseurs comprenant des marmites et des casseroles de différentes tailles mais sur lesquelles on peut visser le même couvercle ou utiliser un couvercle de verre transparent (pour la cuisson habituelle des aliments).

Quels sont les aliments qui se prêtent le mieux à la cuisson en autocuiseur ?

Bien sûr que l'autocuiseur ne se prête pas à la cuisson de tous les aliments mais il n'en reste pas moins un instrument d'une grande versatilité. C'est ainsi qu'on peut l'utiliser pour préparer des soupes, des ragoûts, des rôtis ou des risottos. On peut aussi y faire cuire sans problème les légumineuses sèches, les viandes moins tendres, les chilies et les céréales entières. Non seulement donne-t-il alors des résultats parfaits mais il réduit également des deux tiers le temps de cuisson des aliments.

N'oubliez pas non plus les desserts. Vous ne voudrez plus jamais faire cuire un gâteau au fromage au four après en avoir goûté un cuit en autocuiseur. Vous pourrez aussi y faire cuire des poudings au riz ou au caramel, ou même un vrai plum pudding, en une fraction du temps autrefois requis pour le faire.

De même vous pourrez préparer en un éclair, ou presque, de succulentes coupes de poulet (les poitrines seront prêtes en 8 minutes pile) et cuire un poisson à la vapeur, et à la perfection, en 3 minutes exactement.

Vous pouvez aussi vous servir de votre autocuiseur pour préparer certains aliments (en vue d'une cuisson ultérieure), tels que les pois chiches et les haricots secs, les céréales entières ou les fruits (pour en extraire le jus ou les attendrir). On peut réhydrater la plupart des légumineuses à l'autocuiseur en quelques minutes.

L'autocuiseur se prête aussi très bien à la préparation de bouillons riches et sains faits à partir d'os ou de pelures de légumes. Avant de les mettre sur le barbecue, on peut, pour les attendrir à point, précuire les morceaux de poulet ou les côtes de bœuf ou de porc dans l'autocuiseur. On peut aussi y faire cuire à la vapeur des épis de maïs et ce, en 2 minutes pile.

La cuisson sous pression permet aussi d'attendrir les tissus fibreux de certaines coupes de viande, de conserver les éléments nutritifs, vitamines et oligoéléments normalement détruits par la cuisson à l'eau, et d'infuser et mêler instantanément les arômes et les saveurs des aliments comme seule une cuisson lente à l'ancienne pouvait le faire. Et puis, contrairement à d'autres instruments culinaires, l'autocuiseur vous permet de préalablement faire rôtir et même de caraméliser les viandes et les légumes, ce qui leur donne ainsi beaucoup plus de saveur.

Comment adapter ses recettes préférées à la cuisson sous pression

Presque toutes les recettes de plats mijotés, braisés ou à l'étuvée qui exigent un long temps de cuisson peuvent être adaptées pour la cuisson rapide en autocuiseur.

Pensez à toutes vos recettes « paysannes » préférées, qu'il s'agisse d'un plat de haricots blancs à l'espagnole, d'un ragoût d'agneau ou de bœuf, d'un curry longuement mijoté, d'une goulasch, d'un bœuf à la Stroganov, d'un rôti ; pensez aussi à tous ces petits plats dont votre grand-mère puis votre mère vous ont transmis les précieuses recettes ; grâce à l'autocuiseur, tout cela vous pourrez maintenant le préparer en une fraction du temps autrefois requis pour le faire.

La haute température et la pression travaillent à attendrir instantanément les coupes de viande plus fibreuses ou moins tendres, de sorte que vous pourrez préparer des repas à la fois économiques et savoureux même quand vous avez peu de temps à consacrer à la cuisine. Préparez des recettes à base de steak de ronde, de côtes levées, de bœuf à ragoût, de jarrets d'agneau ou de dinde. Une fois bien attendries, ces viandes rehausseront la saveur de chacun de vos repas.

Une des principales différences entre la cuisson à l'autocuiseur et la cuisson conventionnelle, c'est la quantité d'eau requise. Cuits à l'autocuiseur, la plupart des plats ont besoin de moins de 500 ml (2 tasses) de liquide, qu'il s'agisse d'eau, de bouillon, de tomates broyées, de lait de coco ou d'un autre ingrédient liquide. Il faut aussi garder en mémoire qu'à la cuisson, les viandes et les légumes libèrent des jus (c'est ainsi que 500 ml / 2 tasses de légumes crus donnent environ 50 ml / 1/4 de tasse de liquide).

Il faut aussi se rappeler qu'il est toujours préférable d'épaissir un plat à la fin de la cuisson. Si on incorpore un roux à un ragoût avant ce moment, il aura tendance à brûler et gâchera ainsi tout le plat. La solution consiste à préparer un roux (ou de la farine grillée) à part et à ne l'incorporer au plat qu'une fois que celui-ci n'est plus sous pression.

On doit aussi utiliser les épices et les fines herbes d'une manière différente quand on les fait cuire sous pression. La chaleur intense de l'autocuiseur détruit les huiles aromatiques subtiles et les saveurs de la plupart des fines herbes, qu'on les emploie fraîches ou séchées. Il faut alors utiliser plus d'herbes séchées et n'ajouter les herbes fraîches qu'à la toute fin de la cuisson.

Règles à suivre pour réussir vos recettes à l'autocuiseur

La cuisson à l'autocuiseur est facile si vous suivez les règles de base suivantes :

Brunissage (quand indiqué). Même s'il n'est pas essentiel de faire dorer ou brunir les viandes et les légumes avant de les cuire sous pression, je vous le recommande quand même. En effet, la plupart des ragoûts, des soupes et des pot-au-feu y gagnent beaucoup en saveur et leurs sucres caramélisés leur donnent plus de texture et de goût.

Remplissage. Ne remplissez jamais trop la marmite. Assurez-vous que la marmite n'est jamais pleine plus qu'aux 2/3 de sa capacité. Si vous faites cuire des haricots secs, du riz ou des céréales (qui forment de l'écume en cuisant), assurez-vous que le contenu de la marmite ne dépasse pas la moitié de sa capacité. On trouve sur certains autocuiseurs une ligne de marquage de la capacité qui indique jusqu'où on peut les remplir sans problème. À l'inverse, assurez-vous que la marmite est assez pleine. Lisez avec soin le manuel d'instructions fourni par le manufacturier de votre autocuiseur pour connaître la quantité de liquide minimale requise pour la cuisson sous pression (ce minimum est généralement de 125 à 250 ml / 1/2 à 1 tasse).

Si vous voulez faire cuire un aliment à la vapeur, placez une clayette, une grille ou un panier à étuver (marguerite) au fond de la marmite, ajoutez l'eau ; mettez l'aliment à cuire directement sur la clayette ou la grille ou alors dans un plat à gratiner ou un autre plat à l'épreuve de la chaleur et placez ce dernier sur la clayette (ou la grille). Assurez-vous de toujours garder le niveau de l'eau sous l'aliment que vous faites cuire.

Sceller le couvercle. Assurez-vous que le couvercle est bien fermé avant de mettre l'autocuiseur sur le feu. Certains modèles ont des points ou des marques qu'il vous faudra aligner avant de pouvoir sceller le couvercle. Sur d'autres modèles, il faut, pour sceller le couvercle, soit pousser une manette, soit presser un bouton.

Porter la pression à son maximum. Portez la pression de la marmite à son maximum le plus rapidement possible en la mettant sur feu vif. Si vous avez un modèle à plusieurs niveaux de pression, choisissez le «psi» qui convient. Il faut parfois plusieurs minutes à la marmite pour atteindre sa pleine pression. N'utilisez jamais un rond de cuisinière plus grand que la base de la marmite et, si vous faites cuire au gaz, assurez-vous que les flammes du brûleur n'en «lèchent» pas les parois extérieures. Plusieurs signaux vous avertissent que la marmite est sous pleine pression. Les modèles récents sont munis d'un bouton qui s'élève dès que le niveau maximal de pression est atteint et qui sifflera légèrement jusqu'à ce que vous ayez réduit la chaleur. Sur les vieux modèles, le régulateur de pression sur le couvercle commencera à osciller rapidement et bruyamment ; réduisez aussitôt la chaleur ou vous aurez des problèmes.

Réduire le feu, juste pour garder la pression régulière. Une fois que la marmite est sous pleine pression, réduisez le feu à doux ou moyen-doux. Pour pourrez ainsi maintenir le degré de pression convenant au plat que vous faites cuire. Si vous entendez trop de vapeur jaillir de la marmite, c'est un signe que le feu est trop vif (baissez-le aussitôt). Sur un ancien modèle, le régulateur de pression ne devrait continuer à osciller que 4 à 5 fois par minute. Une soupape à poids fixe ne devrait pas crachoter mais pourra toutefois émettre un très léger sifflement ; un autocuiseur de modèle plus récent et doté d'une soupape à ressort restera en revanche assez silencieux une fois que la soupape aura atteint et maintiendra le niveau désiré.

Bien minuter la cuisson. Pour vous assurer de ne pas trop cuire un plat, commencez à calculer le temps de sa cuisson dès que la marmite est sous pression (utilisez un compte-minutes au besoin, celui de votre four à micro-ondes par exemple). Si vous faites cuire en haute altitude, vous devrez ajuster les temps de cuisson en comptant environ 5 % de plus de temps de cuisson par 300 mètres (1 000 pieds) d'élévation au-dessus de la mer. Si jamais le plat que vous préparez n'est pas cuit au moment où vous enlevez le couvercle de la marmite, remettez-le sous pression 1 ou 2 minutes de plus ou finissez de le cuire de la manière habituelle. Dans ce dernier cas, il vous sera plus facile de donner à une sauce ou à un ragoût la consistance exacte que vous désirez.

Pour les tables des temps de cuisson des diverses catégories d'aliments, voir les pages 25 à 27.

Évacuation de la pression. Quand, dans une recette, il est indiqué de « laisser la pression tomber d'elle-même », retirez simplement la marmite du feu et attendez que retombe l'indicateur de pression. Une fois la pression évacuée, le mécanisme de blocage (sur les marmites qui en ont un) cesse de jouer et vous pouvez enlever le couvercle sans problème. Tenez le couvercle le plus loin possible de vous en l'ouvrant. Cette méthode d'évacuation naturelle de la pression s'applique aux légumineuses sèches et aux céréales qui peuvent se désagréger et obstruer la soupape si vous évacuez la pression trop vite. Elle a aussi l'avantage de préserver la forme naturelle de ces aliments. Elle s'applique aussi aux grosses pièces de viande (qui peuvent rapidement devenir coriaces) et aux soupes et bouillons qui peuvent gicler si la pression est trop vite évacuée.

S'il est indiqué dans une recette de « vite faire tomber la pression » (ce qu'il faut faire pour plusieurs plats, en particulier ceux dont on veut arrêter la cuisson), évacuez tout simplement la vapeur en pressant le bouton ou en poussant la manette de la soupape d'évacuation (selon le modèle que vous avez). Un jet continu de vapeur jaillira de la marmite jusqu'à ce que toute la pression intérieure en ait été évacuée. (Attention, la vapeur est très chaude!) Une fois l'indicateur de pression ou le bouton du mécanisme de blocage retombé (toujours selon le modèle que vous possédez), vous pourrez enlever le couvercle sans danger.

Si votre autocuiseur n'a pas de soupape d'évacuation rapide de la vapeur, vous devrez le porter jusqu'à l'évier de la cuisine et faire couler de l'eau froide sur le couvercle — en faisant attention à ne pas mouiller la soupape — jusqu'à ce que vous entendiez le déclic indiquant que le couvercle n'est plus sous pression. Certains modèles ne sont pas dotés de ce déclic. C'est pourquoi, si vous ouvrez le couvercle avant que toute la pression ne soit tombée, les aliments contenus dans la marmite peuvent en jaillir et vous brûler. Soyez vigilant!

Comment nettoyer votre autocuiseur

Lisez attentivement les instructions fournies par le manufacturier de votre autocuiseur et nettoyez celui-ci à fond après chaque utilisation. Les dispositifs de sûreté de votre appareil peuvent devenir défectueux si celui-ci n'est pas maintenu en bon état.

Après une cuisson, enlevez toujours le joint d'étanchéité du couvercle et nettoyez-le avec de l'eau savonneuse assez chaude puis remettez-le en place sous le couvercle. Évitez de plonger le couvercle sous l'eau et ne le mettez jamais dans le lave-vaisselle. Que vous possédiez un ancien ou un nouveau modèle de marmite, enlevez la soupape et assurez-vous qu'aucune particule d'aliment n'en obstrue l'orifice. Si celui-ci est obstrué, passez-le délicatement à l'eau courante ou nettoyez-le avec un cure-pipe. Chaque fois que vous vissez le couvercle sur la marmite, assurez-vous avant que l'orifice de la soupape est parfaitement propre.

Certains manufacturiers recommandent aussi d'enlever la soupape régulatrice de pression et de la nettoyer sous un jet d'eau chaude. Vérifiez aussi la soupape de sûreté « de secours » et nettoyez-la au besoin.

Remplacer le joint d'étanchéité chaque année (s'il y a lieu).
Quand vous remisez votre marmite, gardez le couvercle à part ou mettez-le à l'envers sur celle-ci de manière à en conserver l'élasticité et à en éliminer toute odeur de cuisson tenace.

En cas de problème

Ce sont les manufacturiers qui peuvent vous donner les informations les plus pertinentes sur leurs produits. Lisez attentivement toute l'information écrite fournie avec votre appareil. Vous y apprendrez comment joindre le manufacturier par téléphone (sans frais) ou par Internet.

Suivez toujours à la lettre les instructions du manufacturier. Chaque autocuiseur fonctionne d'une façon différente et plusieurs modèles ont des exigences particulières uniques.

Si l'autocuiseur commence à siffler avec violence durant la cuisson, retirez-le immédiatement du feu. Si un ou les deux dispositifs d'évacuation de la pression s'enclenchent, changez la marmite de rond et laissez-la refroidir complètement avant d'en enlever le couvercle. Nettoyez à fond toutes les parties de la marmite avant de reprendre la cuisson.

Ne laissez *jamais* l'autocuiseur sans surveillance (surtout si vous avez des enfants), ne *jamais* y cuire à grande friture.

Nota bene
À moins de posséder un modèle d'autocuiseur récent et muni de plusieurs dispositifs de sûreté, évitez *absolument* de faire cuire dans une «marmite-dinosaure»: de la compote de pommes, des canneberges, des pois cassés, de la rhubarbe, des pâtes ou des céréales (orge, etc.). Tous ces aliments ont la fâcheuse réputation de bloquer les soupapes de sûreté.

Références
Si vous avez besoin de plus d'informations sur les autocuiseurs, communiquez avec:

- Lagostina – Canada: 1 800 263-4067, www.lagostina.com
- Lagostina – France: www.lagostina.fr
- Kuhn-Rikon – États-Unis: 1 800 662-5882, www.kuhnrikon.com
- Kuhn-Rikon – France: 01.48.12.48.60
- Mirro Company – États-Unis: 1 800 527-7727, www.mirro.com
- T-Fal – Canada: 1 800 418-3325, www.t-fal.com
- T-Fal – France: 08.10.77.47.74
- National Presto Industries – États-Unis: 1 800 877-0441, www.presto-net.com

Table des temps de cuisson

LÉGUMES cuits à la vapeur sur la clayette, par-dessus 250 à 500 ml (1 à 2 tasses) d'eau bouillante	**TEMPS DE CUISSON** (approximatifs)
Artichauts, moyens, parés	6 à 8 minutes
Artichauts, petits, parés	5 à 6 minutes
Asperges	1 à 2 minutes
Aubergines, en dés	2 à 3 minutes
Betteraves, petites, entières	12 à 14 minutes
Betteraves, grosses, entières	20 minutes
Brocoli	2 à 3 minutes
Carottes, petites ou tranchées	4 à 5 minutes
Châtaignes, incisées	6 minutes
Chou frisé ou autre légume vert dur	2 minutes
Chou, râpé ou en quartiers	2 à 3 minutes
Chou-fleur, en morceaux	2 à 3 minutes
Choux de Bruxelles	4 à 5 minutes
Citrouille ou courge d'hiver	5 à 7 minutes
Haricots, entiers	2 à 3 minutes
Maïs, en épis	3 minutes
Patates douces, en quartiers	5 minutes
Pommes de terre, tranchées ou en quartiers	5 à 6 minutes
Pommes de terre, petites ou moyennes, entières et non pelées	5 à 15 minutes
Rutabagas ou navets, en quartiers	4 à 5 minutes
Zucchinis (courgettes), tranchés	1 minute

FRUITS cuits avec 125 ml (1/2 tasse) d'eau, de vin ou de jus	
Abricots, frais	2 minutes
Abricots, séchés	4 minutes
Figues, séchées	6 minutes
Pêches, fraîches, en quartiers	2 à 3 minutes
Petits fruits, cerises	0 minutes (porter la pression à son maximum et retirer du feu)
Poires, fraîches, en quartiers	3 à 4 minutes
Pommes, en quartiers	3 à 4 minutes
Pruneaux	5 à 6 minutes

VIANDES ET VOLAILLES	TEMPS DE CUISSON (approximatifs)	LIQUIDE POUR LA CUISSON
Agneau (épaule en cubes)	15 à 20 minutes	1 tasse (250 ml)
Agneau (rôti de cuisse)	35 à 45 minutes	500 ml (2 tasses)
Agneau (rôti d'épaule)	35 à 40 minutes	250 ml (1 tasse)
Bœuf (côtes levées)	25 minutes	375 ml (1 1/2 tasse)
Bœuf (en cubes)	20 à 30 minutes	250 ml (1 tasse)
Bœuf (rôti ou poitrine)	35 à 45 minutes	250 à 500 ml (1 à 2 tasses)
Bœuf (steak de ronde)	15 à 20 minutes	250 ml (1 tasse)
Bœuf ou veau (jarret)	45 minutes	250 ml (1 tasse)
Canard (morceaux)	15 minutes	250 ml (1 tasse)
Corned-beef	50 à 60 minutes	500 à 750 ml (2 à 3 tasses)
Dinde (pattes et cuisses)	45 à 55 minutes	750 ml (3 tasses)
Dinde (poitrine, entière : 2,5 à 3 kg / 5 à 6 lb)	35 à 45 minutes	750 ml (3 tasses)
Jambon (épaule, cru : 1,5 kg / 3 lb)	30 minutes	500 ml (2 tasses)
Jambon (tranché, cru : 2.5 cm / 1 po d'épais)	12 minutes	250 ml (1 tasse)
Porc (côtelettes : 1 cm / 1/2 po d'épais)	9 minutes	250 ml (1 tasse)
Porc (côtes levées : 1 kg / 2 lb)	15 minutes	250 à 500 ml (1 à 2 tasses)
Porc (rôti d'épaule ou de fesse : 1,5 kg / 3 lb)	40 à 50 minutes	375 ml (1 1/2 tasse)
Porc (rôti de longe : 1,5 kg / 3 lb)	30 à 40 minutes	375 ml (1 1/2 tasse)
Poulet (entier : 1 à 1,5 kg / 2 à 3 lb)	20 à 25 minutes	250 ml (1 tasse)
Poulet (morceaux : 1 à 1,5 kg / 2 à 3 lb)	15 à 20 minutes	250 ml (1 tasse)
Poulets de Cornouailles (2)	10 à 12 minutes	250 ml (1 tasse)

GRAINES ET CÉRÉALES	TEMPS DE CUISSON (approximatifs) sans compter le temps que la pression tombe d'elle-même	EAU *quantités pour les vieux modèles d'autocuiseur
Amaranthe (graines d')	4 minutes	375 à 425* ml (1 1/2 à 1 3/4* tasse)
Blé	35 à 45 minutes	750 ml (3 tasses)
Épeautre	35 à 45 minutes	750 ml (3 tasses)
Kamut	40 à 45 minutes	750 ml (3 tasses)
Millet	12 minutes	425 à 500* ml (1 3/4 à 2* tasses)
Orge mondé	35 à 40 minutes	750 ml (3 tasses)
Orge perlé	16 à 20 minutes	750 ml (3 tasses)
Quinoa	1 minute	375 ml (1 1/2 tasse)
Risotto	6 à 7 minutes	550 ml (2 1/4 tasses)

TABLE DES TEMPS DE CUISSON

Riz blanc	5 à 6 minutes	375 à 425* ml (1 1/2 à 1 3/4* tasses)
Riz brun	25 minutes	375 à 425* ml (1 1/2 à 1 3/4* tasses)
Riz sauvage	22 à 25 minutes	750 ml (3 tasses)
Sarrasin	4 minutes	425 ml (1 3/4 tasses)
Seigle	25 à 30 minutes	750 ml (3 tasses)

HARICOTS SECS, FÈVES, LENTILLES ET POIS CHICHES trempés une nuit ou trempés sous pression (* à moins de contre-indication)	TEMPS DE CUISSON (approximatifs) sans compter le temps que la pression ltombe d'elle-même	EAU ajouter 15 ml (1 c. à soupe) d'huile végétale
Azuki (haricots bruns)	5 à 6 minutes	750 ml (3 tasses)
Barlotta (haricots)	6 à 8 minutes	750 ml (3 tasses)
Cannellini (haricots)	8 à 10 minutes	750 ml (3 tasses)
Doliques à œil noir, sans trempage*	10 minutes	750 ml (3 tasses)
Flageolets	8 à 10 minutes	750 ml (3 tasses)
Haricots blancs	4 à 5 minutes	750 ml (3 tasses)
Haricots de Lima (gros)	4 à 6 minutes	750 ml (3 tasses)
Haricots de Lima (moyens)	6 à 8 minutes	750 ml (3 tasses)
Haricots de Lima (petits)	5 à 6 minutes	750 ml (3 tasses)
Haricots de soja blancs	10 à 14 minutes	750 ml (3 tasses)
Haricots de soja noirs	16 à 18 minutes	750 ml (3 tasses)
Haricots d'Espagne	8 à 10 minutes	750 ml (3 tasses)
Haricots noirs	8 à 9 minutes	750 ml (3 tasses)
Haricots pinto	4 à 6 minutes	750 ml (3 tasses)
Haricots verts (gros)	12 à 15 minutes	750 ml (3 tasses)
Lentilles brunes, sans trempage*	10 minutes	couvrir de 5 cm (2 po) d'eau
Lentilles françaises, sans trempage*	12 minutes	couvrir de 5 cm (2 po) d'eau
Lentilles rouges, sans trempage*	5 minutes	couvrir de 5 cm (2 po) d'eau
Lentilles vertes, sans trempage*	5 à 8 minutes	couvrir de 5 cm (2 po) d'eau
Pois cassés, sans trempage*	8 à 10 minutes	750 ml (3 tasses)
Pois chiches	10 à 15 minutes	750 ml (3 tasses)
Pois entiers	5 à 8 minutes	750 ml (3 tasses)

Remerciements

Je tiens à remercier tous les gens de Coranco pour leur coopération. Sans eux, nous n'aurions jamais pu, mes collaborateurs et moi, mener à bien ce projet. Toutes les recettes présentées dans ce livre ont été testées dans les modèles d'autocuiseur Brava Plus et Logica de Lagostina. Ce sont deux modèles d'une très grande qualité mais, avec sa soupape de sûreté pratique et ses deux niveaux de pression, Logica reste mon favori. C'est un modèle élégant, très versatile et fiable qui vous donnera d'excellents résultats durant de nombreuses années.

J'aimerais aussi remercier ici ma principale collaboratrice, Susan Spicer, pour toutes les heures qu'elle a consacrées à ce livre. Sans son aide précieuse, il n'aurait peut-être jamais vu le jour.

Toutes ces recettes ont été créées et testées à Calgary (Alberta) à une altitude d'environ 1 000 mètres environ (3 500 pieds). Elles ont ensuite été testées de nouveau à une altitude de 200 mètres (environ 650 pieds). Nous croyons que toutes ces recettes peuvent être faites, en suivant les temps de cuisson indiqués, dans n'importe quel autocuiseur et à quelque altitude que ce soit. Toutefois, lisez bien la page 21 pour voir si, dans certaines conditions, certains ajustements ne seront pas nécessaires.

Cinda Chavich

Entrées

29

Artichauts braisés à l'aïoli au poivron rouge

Pour 4 à 6 convives

Les saveurs de ce plat me rappellent le sud de la France où le thym et le romarin poussent à l'état sauvage et embaument la campagne. Il constitue l'entrée parfaite à tout bon repas de style méditerranéen.

On mange les artichauts en en détachant les feuilles une à une puis en prélevant la chair tendre de la base des feuilles avec les dents. N'oubliez pas de mettre sur la table des assiettes où recueillir les feuilles à jeter et des bols d'eau citronnée individuels pour se rincer les doigts.

Truc

Si vous n'avez pas le temps de faire rôtir les poivrons, achetez une pâte de poivron à tartiner.

AÏOLI AU POIVRON ROUGE :

1	gousse d'ail hachée	1
1 ml	de sel	1/4 de c. à thé
1 ml	de poivre blanc	1/4 de c. à thé
1 pincée	de poivre de Cayenne	1 pincée
1	jaune d'œuf	1
50 ml	de poivron rouge rôti	1/4 de tasse
15 ml	de jus de citron	1 c. à soupe
75 ml	d'huile d'olive extravierge	1/3 de tasse

ARTICHAUTS :

	Le jus de 2 citrons	
1 litre	d'eau	4 tasses
12	petits artichauts	12
30 ml	d'huile d'olive	2 c. à soupe
6	échalotes sèches, pelées et coupées en deux	6
4	gousses d'ail hachées fin	4
	Les feuilles hachées d'un brin de romarin	
2 ml	de sel	1/2 c. à thé
2 ml	de poivre noir fraîchement moulu	1/2 c. à thé
2 ml	de thym séché	1/2 c. à thé
125 ml	de tomates fraîches ou en conserve, en dés	1/2 tasse
125 ml	de bouillon de poulet	1/2 tasse
75 ml	de vin rouge ou de jus de tomate	1/3 de tasse
30 ml	de vinaigre balsamique	2 c. à soupe

1. **Aïoli au poivron rouge :** Dans le robot culinaire, mélanger l'ail, le sel, le poivre blanc, le poivre de Cayenne, le jaune d'œuf, le poivron et le jus de citron. Les réduire en purée puis ajouter l'huile, goutte à goutte dans l'entonnoir, jusqu'à ce que l'aïoli soit bien pris et onctueux. Réfrigérer jusqu'au moment de servir.
2. Dans un grand bol, mélanger le jus d'un citron et l'eau. Couper le bout des pédoncules des artichauts de même que le bout piquant de leurs feuilles puis trancher chaque artichaut dans le sens de la longueur. Gratter les soies intérieures des artichauts puis mettre ceux-ci dans l'eau citronnée pour les empêcher de se décolorer.
3. Dans l'autocuiseur, faire chauffer l'huile d'olive à feu moyen. Ajouter les échalotes sèches et l'ail et les faire revenir jusqu'à ce qu'ils commencent à se colorer. Incorporer le romarin, le sel, le poivre, le thym, les tomates, le bouillon, le vin et le vinaigre. Égoutter les artichauts puis les mettre dans la marmite. Verser le reste du jus de citron dessus.
4. Sceller le couvercle et porter la pression à son maximum à feu vif. Réduire le feu à moyen-doux, juste pour garder la pression régulière, et cuire 7 minutes. Retirer du feu et vite faire tomber la pression.
5. À l'aide d'une cuiller à égoutter, placer les artichauts dans un plat de service profond. Faire bouillir le liquide de cuisson jusqu'à ce qu'il soit réduit de moitié. Passer cette sauce sur les artichauts puis laisser refroidir à la température ambiante. Servir les artichauts comme plat d'accompagnement ou sur des assiettes individuelles, après les avoir généreusement arrosés d'aïoli.

Hoummos

Donne 3 tasses (750 ml)

Cette pâte à tartiner méditerranéenne se sert avec du pain pita chaud et des légumes crus (carottes, céleri, chou-fleur, etc.) pour faire trempette.

On peut, comme variantes, ajouter à cette recette 125 ml (1/2 tasse) de poivron rouge rôti ou 125 ml (1/2 tasse) de persil haché ou même d'ail rôti.

250 ml	de pois chiches secs	1 tasse
5 ml	de cumin moulu	1 c. à thé
5 ml	de sel	1 c. à thé
50 ml	d'huile d'olive extravierge	1/4 de tasse
50 ml	de tahini (pâte de graines de sésame)	1/4 de tasse
10 ml	d'huile de sésame	2 c. à thé
	Le jus de 2 gros citrons	
3	gousses d'ail hachées	3
50 ml	d'eau tiède (si nécessaire)	1/4 de tasse

1. Couvrir d'eau les pois chiches et les faire tremper toute la nuit ou utiliser la méthode rapide sous pression, p. 168. Égoutter.
2. Dans l'autocuiseur, couvrir les pois chiches d'au moins 1 po (2,5 cm) d'eau. Sceller le couvercle et porter la pression à son maximum à feu vif. Réduire le feu à moyen-doux, juste pour garder la pression régulière, et cuire 15 minutes. Retirer du feu et vite faire tomber la pression. Égoutter.
3. Dans le robot culinaire, mélanger les pois chiches, le cumin, le sel, l'huile d'olive, le tahini, l'huile de sésame, le jus de citron et l'ail et les réduire en purée lisse. Si le mélange semble trop sec, ajouter un peu d'eau chaude (ou de jus de citron) pour le rendre plus onctueux. Servir l'hoummos avec du pain pita chaud ou le réfrigérer.

ENTRÉES

Dhal et pappadams (Inde)

Donne 500 ml (2 tasses)

Voici l'entrée tout indiquée pour un repas indien. Servez cette pâte à tartiner aux pois cassés avec des pappadams croustillants et des poivrons tranchés, des haricots verts et des languettes de zucchini pour faire trempette. On peut aussi l'étendre sur du pain pita et la couvrir de légumes rôtis pour en faire des sandwiches roulés à l'orientale.

Truc
Pour faire gonfler les pappadams, faites-les frire dans l'huile bouillante durant quelques secondes ou passez-les 45 secondes au four à micro-ondes. Les pappadams se vendent dans les épiceries indiennes. Si vous n'en trouvez pas, servez-vous de mini-craquelins.

15 ml	d'huile d'olive	1 c. à soupe
5 ml	de beurre	1 c. à thé
1	petit oignon haché	1
10 ml	de gingembre frais râpé	2 c. à thé
1	gousse d'ail hachée	1
1	piment serrano épépiné et haché	1
2 ml	de garam masala	1/2 c. à thé
1 ml	de curcuma moulu	1/4 de c. à thé
2 ml	de moutarde sèche	1/2 c. à thé
250 ml	de pois jaunes cassés secs	1 tasse
500 ml	d'eau	2 tasses
50 ml	de yogourt (yaourt) ou de crème sure	1/4 de tasse
30 ml	de coriandre hachée	2 c. à soupe

1. Dans l'autocuiseur, faire chauffer l'huile et le beurre à feu moyen. Y faire revenir l'oignon, le gingembre, l'ail et le piment jusqu'à ce qu'ils soient ramollis. Incorporer le garam masala, le curcuma et la moutarde sèche et les faire revenir 1 minute ou jusqu'à ce que les épices dégagent leurs parfums. Ajouter les pois cassés puis l'eau.
2. Sceller le couvercle et porter la pression à son maximum à feu vif. Réduire le feu à moyen-doux, juste pour garder la pression régulière et cuire 8 minutes. Retirer du feu et laisser la pression tomber d'elle-même. Placer les aliments dans un bol.
3. Mélanger le dhal jusqu'à ce qu'il soit refroidi un peu et bien épais. Y battre le yogourt ou la crème sure jusqu'à ce que le mélange soit lisse puis incorporer la coriandre. Servir avec les pappadams pour faire trempette.

Pois chiches épicés

DONNE 500-750 ML (2-3 TASSES)

Dans cette recette, on fait lentement sauter les pois chiches cuits avec des épices indiennes jusqu'à ce qu'ils soient d'un beau brun doré et croquants. Cet amuse-gueule végétarien irrésistible se sert avec de la bière ou des cocktails.

250 ml	de pois chiches secs	1 tasse
1 litre	d'eau	4 tasses
1	petit oignon pelé	1
1	feuille de laurier	1
50 ml	de beurre	1/4 de tasse
30 ml	d'huile d'olive	2 c. à soupe
5 ml	d'ail haché	1 c. à thé
5 ml	de sel d'oignon	1 c. à thé
5 ml	de gingembre moulu	1 c. à thé
5 ml	de curcuma moulu	1 c. à thé
2 ml	de graines de coriandre moulues	1/2 c. à thé
1 ml	de poivre de Cayenne au goût	1/4 de c. à thé
15 ml	de sel marin	1 c. à soupe

1. Couvrir d'eau les pois chiches et les faire tremper toute la nuit ou utiliser la méthode rapide sous pression, p. 168. Égoutter.
2. Dans la marmite, mélanger les pois chiches, l'eau, l'oignon et la feuille de laurier. Sceller le couvercle et porter la pression à son maximum à feu vif. Réduire le feu à moyen-doux, juste pour garder la pression régulière et cuire 15 minutes. Retirer du feu et laisser la pression tomber d'elle-même. Bien égoutter les pois chiches. Jeter l'oignon et la feuille de laurier.
3. Dans une petite casserole, à feu moyen (ou dans un bol, au micro-ondes), faire fondre le beurre puis y incorporer l'huile d'olive et l'ail. Dans un grand bol, mélanger les pois chiches et le beurre à l'ail chaud. Mélanger à part le sel d'oignon et les épices puis les ajouter aux pois chiches et bien remuer le tout.

4. Étendre les pois chiches en une seule couche sur une ou deux plaques à pâtisserie. Les mettre dans le four préchauffé à 200 °C (400 °F) 5 à 10 minutes, jusqu'à ce qu'ils soient dorés et croquants en remuant de temps à autre pour qu'ils cuisent également et ne brûlent pas. Les placer ensuite dans un grand bol et les enrober de sel marin.
5. Servir les pois chiches chauds ou à la température ambiante. Pour les réchauffer, les mettre sur une plaque à pâtisserie et les passer au four préchauffé à 180 °C (350 °F) de 5 à 10 minutes.

Trempette aux haricots blancs

Donne 500 ml (2 tasses)

L'huile d'olive, l'ail et le piment relèvent à merveille cette trempette de haricots blancs.

Truc
Pour une variante plus méditerranéenne de cette recette, remplacez le cumin par du thym séché et la coriandre par du basilic. Réchauffez doucement le mélange, ajoutez-y quelques cuillerées de feta ou de chèvre émietté et servez-le avec du pain pita.

175 ml	de petits haricots blancs secs	3/4 de tasse
2	gousses d'ail	2
45 ml	de jus de citron	3 c. à soupe
75 ml	d'huile d'olive extravierge	1/3 de tasse
10 ml	de cumin moulu	2 c. à thé
7 ml	de poudre de piment rouge	1 1/2 c. à thé
1 pincée	de flocons de piment rouge sec	1 pincée
	Sel et poivre fraîchement moulu, au goût	
45 ml	de coriandre hachée	3 c. à soupe

1. Couvrir d'eau les haricots et les faire tremper toute la nuit ou utiliser la méthode rapide sous pression, p. 168. Égoutter.
2. Dans la marmite, couvrir les haricots d'au moins 2,5 cm (1 po) d'eau. Sceller le couvercle et porter la pression à son maximum à feu vif. Réduire le feu à moyen-doux, juste pour garder la pression régulière, et cuire de 8 à 9 minutes. Retirer du feu et laisser la pression tomber d'elle-même. Égoutter les haricots puis les rincer à l'eau froide courante pour les faire refroidir rapidement.
3. Dans le robot culinaire, hacher les gousses d'ail puis ajouter les haricots, le jus de citron, l'huile d'olive et les épices et en faire une purée onctueuse.
4. Incorporer la coriandre puis assaisonner au goût. Servir avec des tacos ou des légumes frais.

ENTRÉES

Caponata

Donne 1 litre (4 tasses)

La caponata est la version sicilienne de la ratatouille française. On peut la servir comme hors-d'œuvre. Pour en faire un plat principal rapide, servez-la mélangée à des pâtes chaudes.

La caponata se garde jusqu'à 4 jours au réfrigérateur.

Truc

Pour en éliminer l'amertume, il faut saler les tranches d'aubergine puis, quand elles ont dégorgé, les passer à l'eau courante et bien les éponger ensuite. L'opération n'est pas nécessaire si vous vous servez de petites aubergines japonaises.

1	grosse aubergine non pelée, coupée en morceaux d'une bouchée	1
10 ml	de sel	2 c. à thé
15 ml	de cassonade (bien tassée)	1 c. à soupe
30 ml	de concentré de tomate	2 c. à soupe
30 ml	de vinaigre balsamique	2 c. à soupe
125 ml	d'huile d'olive	1/2 tasse
1	oignon haché	1
1	petit poivron rouge haché	1
1	petit poivron jaune haché	1
250 ml	de tomates en conserve, broyées	1 tasse
125 ml	d'olive noires dénoyautées et hachées	1/2 tasse
30 ml	de basilic haché	2 c. à soupe

1. Saupoudrer l'aubergine de sel, la mettre dans une passoire (dans l'évier de la cuisine) et laisser reposer 30 minutes. Passer l'aubergine sous un jet d'eau froide, l'égoutter puis bien l'éponger avec du papier absorbant.
2. Dans un bol, battre ensemble la cassonade, le concentré de tomate et le vinaigre. Réserver.
3. Dans l'autocuiseur, faire chauffer l'huile à feu vif. Y faire revenir l'aubergine 2 minutes. Ajouter l'oignon, les poivrons et les tomates. Sceller le couvercle et porter la pression à son maximum à feu vif. Réduire le feu à moyen-doux, juste pour garder la pression régulière, et cuire 4-5 minutes. Retirer du feu et vite faire tomber la pression.
4. Défaire un peu l'aubergine avec une cuiller de bois, puis incorporer le mélange de concentré de tomate, d'olives et de basilic. Laisser refroidir. Servir à la température ambiante ou froid.

Gâteau au fromage aux tomates séchées

Pour 8 à 10 convives

Servir ce savoureux gâteau au fromage à tartiner sur de minces tranches de baguette. On peut le servir coupé en pointes comme entrée ou amuse-gueule ou avec les fromages.

Ce gâteau peut se conserver 3 jours au réfrigérateur et jusqu'à 3 mois au congélateur.

Truc
Conserver l'huile des tomates séchées. Celle-ci peut servir dans une vinaigrette ou à badigeonner une viande ou un poisson avant de les cuire sur le gril.

Moule à charnière de 1,5 ou 2 litres (7 ou 8 po de diamètre) — format plus petit au besoin

Clayette ou grille au fond de la marmite

CROÛTE :

45 ml	de beurre ramolli	3 c. à soupe
75 ml	de chapelure ou de craquelins à l'oignon broyés	1/3 de tasse

FARCE :

125 ml	de tomates séchées égouttées (réserver l'huile)	1/2 tasse
6	gousses d'ail hachées fin	6
30 ml	d'origan frais haché (ou 5 ml / 1 c. à thé d'origan séché)	2 c. à soupe
3	œufs	3
45 ml	de farine tout usage	3 c. à soupe
375 g	de fromage à la crème ramolli	12 oz
125 g	de fromage de chèvre ramolli	4 oz
50 ml	de crème sure ou de yogourt (yaourt)	1/4 de tasse
125 ml	oignons verts (ciboules) hachés	1/2 tasse
500 ml	d'eau	2 tasses

GARNITURE :

125 ml	de crème sure	1/2 tasse
	Baguette ou craquelins pour servir	

1. **Croûte :** Beurrer généreusement le fond et les côtés du moule puis bien les couvrir de chapelure en laissant le surplus au fond du moule. Envelopper l'extérieur du moule de papier d'aluminium puis réserver.
2. **Farce :** Dans le robot culinaire, réduire en purée les tomates séchées avec 15 ml (1 c. à soupe) de leur huile, l'ail, l'origan et les œufs. Ajouter la farine, le fromage à la crème, le chèvre et la crème sure et les réduire en purée lisse. Incorporer les oignons verts. Verser ce mélange dans le moule puis couvrir le tout de papier d'aluminium en s'assurant que celui-ci est bien scellé.
3. Installer la clayette au fond de l'autocuiseur. Verser l'eau. Replier plusieurs fois sur lui-même un morceau de 60 cm (2 pi) de long de papier d'aluminium de manière à en faire une bande dont on se servira pour retirer le moule de la marmite. Centrer la bande sous le moule, en rabattre et en replier ensemble les extrémités pour en faire une poignée. Se servir de cette poignée pour placer le moule dans la marmite.
4. Sceller le couvercle et porter la pression à son maximum à feu vif. Réduire le feu à moyen-doux, juste pour garder la pression régulière, et cuire 20 minutes. Retirer du feu et laisser la pression tomber d'elle-même pendant 7 minutes. Évacuer le reste de la pression avec la soupape de sûreté. Laisser le gâteau refroidir dans la marmite quelques minutes puis, à l'aide de la poignée de papier d'aluminium, l'en retirer et placer sur une grille. Enlever le papier d'aluminium. Le gâteau devrait être pris sur les côtés mais un peu mou au centre. Si celui-ci est trop liquide, répéter l'opération et cuire 2 minutes de plus. Quand le gâteau est cuit, enlever le papier d'aluminium. Éponger l'eau qui s'est ramassée à la surface du gâteau.
5. Garniture : Dans un petit bol, battre la crème sure avec un autre 15 ml (1 autre c. à soupe) d'huile de tomates. Étendre ce mélange sur le gâteau puis laisser refroidir le tout à la température ambiante. Réfrigérer au moins 8 heures avant de servir.
6. Avec un couteau trempé dans l'eau chaude, couper le gâteau en quartiers et présenter avec un couteau à fromage et une baguette tranchée.

Feuilles de vigne farcies au bœuf et au riz

Donne 30 rouleaux

Pour 6 convives (comme plat principal)

Mon amie Sue Spicer, qui m'a aidée en testant la plupart des recettes de ce livre, a pensé un jour que l'autocuiseur se prêterait bien à la cuisson d'une de ses entrées grecques préférées, les feuilles de vigne farcies (ou dolmades). Elle avait raison.

L'autocuiseur réduit le temps de cuisson à 15 minutes (au lieu d'1 1/2 heure au four) et donne des dolmades tendres et savoureux. Voici sa recette de feuilles de vigne farcies qu'on peut servir chaudes, comme plat principal, ou tièdes, comme entrée.

On peut préparer de la même façon les cigares au chou.

500 g	de bœuf maigre haché	1 lb
250 ml	de riz à grains longs	1 tasse
1	poivron rouge grillé haché	1
1	oignon émincé	1
250 ml	de bouillon de bœuf	1 tasse
75 ml	d'huile d'olive	1/3 de tasse
30 ml	de menthe fraîche, hachée fin	2 c. à soupe
5 ml	d'estragon séché	1 c. à thé
2 ml	de sel	1/2 c. à thé
2 ml	de poivre noir fraîchement moulu	1/2 c. à thé
30	feuilles de vigne (1 petit pot)	30
500 ml	d'eau	2 tasses
30 ml	de jus de citron	2 c. à soupe

SAUCE :

2	œufs battus	2
15 ml	d'huile d'olive	1 c. à soupe
30 ml	de jus de citron	2 c. à soupe
10 ml	de moutarde de Dijon	2 c. à thé
5 ml	de sucre	1 c. à thé

1. Dans un grand bol, mélanger le bœuf, le riz, le poivron, l'oignon, le bouillon, l'huile, la menthe, l'estragon, le sel et le poivre. Égoutter les feuilles de vigne, les séparer délicatement puis les rincer à l'eau froide. Assécher les feuilles. Placer les feuilles endommagées au fond de l'autocuiseur.

2. Placer les feuilles, le côté terne dessus, sur une surface de travail. Mettre 30 ml (2 c. à soupe) de farce sur chaque feuille. Replier les feuilles sur elles-mêmes mais pas trop serré pour permettre au riz de gonfler pendant la cuisson.
3. Placer les rouleaux en couches serrées dans la marmite. Verser l'eau et le jus de citron sur les feuilles.
4. Sceller le couvercle et porter la pression à son maximum à feu vif. Réduire le feu à moyen-doux, juste pour garder la pression régulière, et cuire 15 minutes. Retirer du feu et laisser la pression tomber d'elle-même. Retirer délicatement les dolmades de la marmite et les placer dans une assiette de service.
5. **Sauce :** Dans une casserole épaisse, à feu doux, battre ensemble les œufs, l'huile, le jus de citron et la moutarde puis les faire cuire et épaissir, en remuant constamment, de 5 à 10 minutes. Si on sert ce plat comme entrée, servir la sauce à part dans de petits bols individuels (où faire trempette) ; si on le sert comme plat principal, ajouter un peu d'eau à la sauce pour que celle-ci puisse se verser sur les dolmades.

Boulettes de poulet à la marocaine et sauce tomate crémeuse

POUR 4 À 6 CONVIVES

Ces boulettes peuvent se servir comme hors-d'œuvre à l'occasion d'un brunch. On peut aussi les servir avec la sauce sur des pâtes italiennes ou un lit de couscous instantané.

1	oignon	1
50 ml	de feuilles de persil tassées	1/4 de tasse
50 ml	de feuilles de coriandre tassées	1/4 de tasse
50 ml	de feuilles de menthe tassées	1/4 de tasse
750 g	de poulet maigre haché	1 1/2 lb
1	œuf	1
2 ml	de cumin moulu	1/2 c. à thé
2 ml	de paprika doux	1/2 c. à thé
2 ml	de sel	1/2 c. à thé
1 ml	de cannelle moulue	1/4 de c. à thé
1 à 2 ml	de poivre de Cayenne	1/4 à 1/2 c. à thé

SAUCE :

30 ml	d'huile d'olive	2 c. à soupe
1	oignon tranché	1
1	gousse d'ail hachée	1
30 ml	de farine tout-usage	2 c. à soupe
800 ml	de tomates en conserve, broyées ou en purée	28 oz
280 ml	de bouillon de poulet	10 oz
5 ml	de paprika doux	1 c. à thé
50 ml	de crème à fouetter	1/4 de tasse
	Sel et poivre noir, au goût	

1. Dans le robot culinaire, mélanger l'oignon, le persil, la coriandre et la menthe puis les hacher finement. Mettre ce mélange dans un grand bol puis ajouter le poulet, l'œuf, le cumin, le paprika, la cannelle, le sel et le

poivre de Cayenne ; bien pétrir le tout avec les mains. Couvrir et réfrigérer 1 heure. Façonner 25 petites boulettes avec la viande refroidie.

2. **Sauce :** Dans l'autocuiseur, faire chauffer l'huile à feu moyen-doux. Y mettre l'ail et l'oignon et les faire sauter 10 minutes ou jusqu'à ce qu'ils soient caramélisés. Ajouter la farine et cuire 1 minute sans cesser de remuer. Incorporer ensuite les tomates, le bouillon de poulet et le paprika ; amener à ébullition. Mettre délicatement les boulettes dans la sauce.

3. Sceller le couvercle et porter la pression à son maximum à feu vif. Réduire le feu à moyen-doux, juste pour garder la pression régulière, et cuire 10 minutes. Retirer du feu et vite faire tomber la pression. Incorporer la crème et assaisonner au goût.

Soupes
45

Soupe épicée aux patates douces

POUR 4 CONVIVES

Cette soupe est riche et veloutée tout en étant faible en gras. Sa belle couleur orange en fait le prélude parfait à un repas d'automne.

Le garam masala est un mélange d'épices en vente dans les épiceries indiennes. À défaut d'en trouver, on peut le remplacer par du curry.

15 ml	d'huile d'olive	1 c. à soupe
2	gousses d'ail hachées fin	2
1	oignon haché	1
750 ml	de bouillon de poulet	3 tasses
500 ml	de patates douces pelées et hachées	2 tasses
1	petite pomme de terre pelée et hachée	1
2	carottes hachées	2
1	piment ancho épépiné	1
7 ml	de garam masala	1 1/2 c. à thé
	Sel au goût	

1. Dans l'autocuiseur, faire chauffer l'huile à feu moyen. Y mettre l'ail et l'oignon et les faire revenir 5 minutes ou jusqu'à ce qu'ils aient ramolli. Incorporer le bouillon, les patates douces, la pomme de terre, les carottes et le piment.
2. Sceller le couvercle et porter la pression à son maximum à feu vif. Réduire le feu à moyen-doux, juste pour garder la pression régulière, et cuire 12 minutes. Retirer du feu et faire tomber la pression rapidement.
3. Réduire la soupe en purée au robot culinaire ou avec un mixeur jusqu'à ce qu'elle soit lisse et crémeuse. Incorporer le garam masala et assaisonner au goût.

SOUPES

Soupe aux légumes-racines

Pour 4 convives

Comme on trouve des légumes-racines en tout temps de l'année, on peut faire cette soupe savoureuse et crémeuse, mais néanmoins faible en gras, n'importe quand.

Truc

Pour obtenir une garniture épicée, placez 3 piments anchos séchés dans un bol et couvrez-les d'eau bouillante. Laissez-les tremper 30 minutes puis égouttez-les, parez-les et réduisez-les en purée avec 50 ml (1/4 de tasse) de bouillon de poulet. Pour rendre la purée plus onctueuse encore, ajoutez-y ce qu'il faut de crème sure faible en gras. Garnissez la soupe d'élégants zigzags de cette purée. On peut aussi se servir de cette sauce pour garnir toute préparation qui requiert qu'on en relève le goût.

10 ml	d'huile végétale ou de beurre	2 c. à thé
1	gousse d'ail hachée	1
250 ml	d'oignons hachés	1 tasse
750 ml	de bouillon de poulet	3 tasses
1	pomme de terre pelée et hachée	1
175 ml	de carottes hachées	3/4 de tasse
175 ml	de patate douce pelée et hachée	3/4 de tasse
125 ml	de panais haché	1/2 tasse
30 ml	d'aneth frais haché (ou 10 ml / 2 c. à thé d'aneth séché)	2 c. à soupe
	Sel et poivre blanc au goût	

1. Dans l'autocuiseur, faire chauffer l'huile à feu moyen. Y mettre l'oignon et l'ail et les faire revenir 5 minutes ou jusqu'à ce que l'oignon soit tendre. Ajouter le bouillon, tous les légumes-racines préparés et l'aneth séché (si utilisé).
2. Sceller le couvercle et porter la pression à son maximum à feu vif. Réduire le feu à moyen-doux, juste pour garder la pression régulière, et cuire 7 minutes. Retirer du feu et vite faire tomber la pression.
3. Dans le robot culinaire ou à l'aide d'un mixeur, réduire les légumes en purée avec un peu du liquide de cuisson. Remettre la purée dans la marmite et la mélanger avec le reste du liquide. Amener à ébullition. Incorporer l'aneth frais (si utilisé) et assaisonner au goût juste avant de servir.

Soupe mexicaine aux haricots pinto

Pour 4 à 6 convives

Cette soupe délicieuse et consistante est l'antidote parfait à l'hiver-qui-n'en-finit-pas.

250 ml	de haricots pinto secs	1 tasse
2	gousses d'ail	2
1	gros oignon coupé en deux	1
15 ml	d'huile végétale	1 c. à soupe
5 ml	de sel	1 c. à thé
30 ml	d'huile d'olive (ou végétale)	2 c. à soupe
75 ml	de crème à fouetter	1/3 de tasse
	Fromage Monterey Jack râpé, brins de coriandre fraîche et un avocat coupé en dés pour garnir.	

1. Couvrir d'eau les haricots et les faire tremper toute la nuit ou utiliser la méthode rapide sous pression, p. 168. Égoutter.
2. Dans l'autocuiseur, couvrir les haricots de 2,5 cm (1 po) d'eau. Ajouter 1 gousse d'ail, la moitié de l'oignon et l'huile végétale. Sceller le couvercle et porter la pression à son maximum à feu vif. Réduire le feu à moyen-doux, juste pour garder la pression régulière, et cuire 10 minutes. Retirer du feu et vite faire tomber la pression. Les haricots devraient être tendres. Sinon, sceller le couvercle et reprendre la cuisson sous haute pression 2 à 3 minutes de plus. Retirer du feu et vite faire tomber la pression. Égoutter les haricots en conservant le liquide de cuisson.
3. Dans le robot culinaire, réduire les haricots en purée en ajoutant ce qu'il faut du liquide de cuisson pour les rendre onctueux.
4. Entretemps, hacher le reste de l'oignon et de l'ail. Dans une grande marmite, faire chauffer l'huile à feu moyen. Y faire revenir l'ail et l'oignon 5 minutes ou jusqu'à ce qu'ils soient dorés. Ajouter la purée de

haricots et plus de liquide de cuisson au besoin.
5. Amener le tout à ébullition et laisser mijoter 10 minutes. Assaisonner au goût. Ajouter la crème et laisser mijoter la soupe, sans la faire bouillir, jusqu'à ce qu'elle soit épaisse et onctueuse. Servir la soupe dans des bols et garnir de fromage, coriandre et avocat.

Pot-au-feu écossais

POUR 8 CONVIVES

Cette recette écossaise traditionnelle donne une soupe à l'ancienne consistante et savoureuse à servir un petit jour creux d'hiver.

Truc
La prochaine fois que vous désosserez un gigot d'agneau, récupérez-en les os et faites-les brunir. Pour donner couleur et saveur à cette soupe, utilisez-les avec le reste de la viande. Retirer les os de la soupe avant de la servir.

10 ml	d'huile végétale	2 c. à thé
3	branches de céleri coupées en dés	3
1	oignon coupé en dés	1
500 g	d'épaule (ou de jarret) d'agneau désossée, dégraissée et hachée fin	1 lb
2 litres	de bouillon de poulet ou d'eau froide	8 tasses
500 ml	de carottes coupées en petits dés	2 tasses
500 ml	de navets coupés en petits dés	2 tasses
5 ml	de poivre noir fraîchement moulu	1 c. à thé
2 ml	de thym séché	1/2 c. à thé
10 ml	d'ail haché	2 c. à thé
1	feuille de laurier	1
250 ml	d'orge perlé	1 tasse
	Sel au goût	

1. Dans l'autocuiseur, faire chauffer l'huile à feu moyen. Y faire revenir le céleri et l'oignon 8 minutes ou jusqu'à ce qu'ils soient tendres. Ajouter l'agneau par petites quantités et le faire dorer de tous les côtés. Remettre l'agneau et le jus de cuisson dans la marmite. Incorporer le bouillon et le reste des ingrédients (sauf le sel).
2. Sceller le couvercle et porter la pression à son maximum à feu vif. Réduire le feu à moyen-doux, juste pour garder la pression régulière, et cuire 22 minutes. Retirer du feu et laisser la pression tomber d'elle-même.
3. Saler le pot-au-feu, au goût. Jeter la feuille de laurier avant de servir.

Soupe thaïlandaise au curry vert et aux patates douces

Pour 4 convives

Pour une version encore plus épicée de cette soupe, servez-vous de pâte de curry rouge thaïlandaise (au lieu du vert). Les deux se vendent en pots ou en sachets dans les épiceries asiatiques ou dans certains supermarchés spécialisés.

Pour transformer cette soupe en repas complet, servez-la sur un lit de nouilles de riz ou aux œufs.

30 ml	d'huile végétale	2 c. à soupe
3	poivrons rouges, jaunes ou orange coupés en lanières	3
2	gousses d'ail hachées fin	2
1	gros oignon coupé en lanières	1
15 ml	de pâte de curry vert thaïlandaise (voir ci-contre)	1 c. à soupe
2	patates douces pelées et coupées en cubes	2
400 ml	de lait de coco non sucré	14 oz
50 ml	d'eau	1/4 de tasse
5 ml	de jus de citron ou de lime	1 c. à thé
250 ml	de pois mange-tout ou de haricots verts coupés en morceaux d'une bouchée	1 tasse
15 ml	de coriandre hachée	1 c. à soupe

1. Dans l'autocuiseur, faire chauffer l'huile à feu moyen. Y mettre les poivrons, l'ail et l'oignon et les faire revenir 5 minutes. Incorporer la pâte de curry et cuire 1 minute de plus. Ajouter ensuite les patates douces, le lait de coco, l'eau et le jus de citron.
2. Sceller le couvercle et porter la pression à son maximum à feu moyen ou un peu plus. Réduire le feu à moyen-doux, juste pour garder la pression régulière, et cuire 3 minutes. Retirer du feu et vite faire tomber la pression.
3. Ajouter les pois, couvrir et cuire (mais pas sous pression) de 2 à 3 minutes ou jusqu'à ce que les légumes soient croquants. Incorporer la coriandre à la soupe juste avant de servir.

Soupe aux haricots rouges et au saucisson ukrainien

Pour 8 convives

Importé en Amérique du Nord il y a un siècle par les immigrants ukrainiens, le saucisson au jambon est une des grandes spécialités des prairies de l'Ouest.

Truc
Si vous ne pouvez trouver de saucisson ukrainien, servez-vous de kielbasa. Pour une version encore plus épicée, utilisez du chorizo.

375 ml	de haricots rouges secs	1 1/2 tasse
2	piments jalapeños hachés	2
1	gros oignon haché	1
250 g	de saucisson ukrainien au jambon fumé	8 oz
1	feuille de laurier	1
15 ml	de poudre de piment rouge	1 c. à soupe
5 ml	d'origan séché	1 c. à thé
2 ml	de poivre noir fraîchement moulu	1/2 c. à thé
1 ml	de poivre de Cayenne	1/4 de c. à thé
750 ml	de bouillon de bœuf	3 tasses
400 ml	de tomates italiennes en conserve, broyées	14 oz
125 ml	de sauce tomate	1/2 tasse
30 ml	de cassonade (bien tassée)	2 c. à soupe

1. Couvrir d'eau les haricots et les faire tremper toute la nuit ou utiliser la méthode rapide sous pression, p. 168. Égoutter.
2. Dans l'autocuiseur, couvrir les haricots d'au moins 2,5 cm (1 po) d'eau. Sceller le couvercle et porter la pression à son maximum à feu vif. Réduire le feu à moyen-doux, juste pour garder la pression régulière, et cuire 12 minutes. Retirer du feu et laisser la pression tomber d'elle-même. Égoutter les haricots et les réserver.
3. Essuyer la marmite puis la mettre à feu moyen-vif. Ajouter les piments, l'oignon, le saucisson haché, le laurier, la poudre de piment rouge, l'origan, le poivre noir et le poivre de Cayenne ; les faire revenir, en remuant, 8 minutes ou jusqu'à ce que les oignons soient tendres.

Incorporer le bouillon, les tomates, la sauce tomate, la cassonade et les haricots égouttés.

4. Sceller le couvercle et porter la pression à son maximum à feu vif. Réduire le feu à moyen-doux, juste pour garder la pression régulière, et cuire 20 minutes. Retirer du feu et laisser la pression tomber d'elle-même. Jeter la feuille de laurier avant de servir.

Borscht aux légumes

POUR 8 CONVIVES

Cette soupe à l'ancienne est originaire d'Ukraine, de Roumanie et d'autres pays d'Europe de l'Est. Pour en faire une version végétarienne, remplacez le bouillon de bœuf par de l'eau.

15 ml	de beurre	1 c. à soupe
2	gousses d'ail hachées fin	2
1	gros oignon haché	1
750 ml	de pommes de terre rouges pelées et coupées en dés	3 tasses
250 ml	de carottes hachées	1 tasse
3 ou 4	betteraves moyennes avec la peau et 2,5 cm (1 po) de tige	3 ou 4
1 litre	de chou rouge râpé	4 tasses
2 litres	de bouillon de bœuf ou d'eau	8 tasses
400 ml	de tomates en conserve, broyées	14 oz
15 ml	de vinaigre balsamique ou de vinaigre de vin rouge	1 c. à soupe
	Sel et poivre noir fraîchement moulu, au goût	
	Paprika, au goût	
30 ml	d'aneth haché	2 c. à soupe
125 ml	de crème sure	1/2 tasse
30 ml	de farine tout usage	2 c. à soupe

1. Dans l'autocuiseur, faire fondre le beurre à feu moyen. Y faire revenir l'ail et l'oignon 5 minutes ou jusqu'à ce que l'oignon commence à se colorer. Ajouter les pommes de terre et les carottes et cuire 3 minutes de plus. Ajouter ensuite les betteraves, le chou, le bouillon et les tomates.
2. Sceller le couvercle et porter la pression à son maximum à feu vif. Réduire le feu à moyen-doux, juste pour garder la pression régulière, et cuire 10 minutes. Retirer du feu et laisser la pression tomber d'elle-même.

3. Mettre les betteraves dans un plat et les laisser refroidir un peu. Les peler, en jeter les tiges puis les couper en cubes. Remettre les betteraves dans la soupe et ajouter le vinaigre. Laisser mijoter 10 minutes puis assaisonner au goût (sel, poivre, paprika). Incorporer l'aneth.
4. Dans un petit bol, battre ensemble la crème sure et la farine. Incorporer ce mélange à la soupe chaude. Laisser mijoter la soupe, sans la faire bouillir et en remuant, 5 minutes, jusqu'à ce qu'elle soit très chaude et légèrement épaissie. Servir aussitôt.

Soupe au jambon et aux pois cassés

Pour 8 convives

Les pois cassés et les lentilles rouges se désagrègent à la cuisson. Comme cela peut facilement obstruer l'orifice de la soupape d'un ancien modèle d'autocuiseur, il faut user de prudence. Si vous possédez un autocuiseur de ce type et entendez des sifflements bruyants durant la cuisson, retirez-le du feu et faites vite tomber la pression en plaçant un côté du couvercle sous un jet d'eau froide. Vérifiez si l'orifice n'est pas obstrué, lavez le couvercle à fond puis scellez-le de nouveau et reprenez la cuisson. Les modèles récents d'autocuiseur ne posent pas de problèmes de ce genre.

15 ml	de beurre ou d'huile végétale	1 c. à soupe
2	gousses d'ail hachées fin	2
1	oignon haché	1
500 g	de pois cassés (environ 500 ml / 2 tasses)	1 lb
2	carottes coupées en dés	2
2 ml	de thym séché	1/2 c. à thé
250 g	de jambon fumé ou de bacon de dos maigre coupé en petits dés	8 oz
1,5 litre	de bouillon de poulet	6 tasses
1 litre	d'eau	4 tasses
500 ml	de vin blanc sec	2 tasses
125 ml	de riz brun	1/2 tasse
300 g	de pois verts surgelés, décongelés, ou l'équivalent en pois frais, cuits	10 oz
	Sel et poivre noir fraîchement moulu	

1. Dans l'autocuiseur, faire fondre le beurre à feu moyen. Y faire revenir l'ail et l'oignon 5 minutes ou jusqu'à ce qu'ils soient tendres. Ajouter le reste des ingrédients sauf les pois verts.
2. Sceller le couvercle et porter la pression à son maximum à feu vif. Réduire le feu à moyen-doux, juste pour garder la pression régulière, et cuire 10 minutes. Retirer du feu et laisser la pression tomber d'elle-même pendant 10 minutes puis évacuer le reste de la pression.
3. Incorporer les pois verts et assaisonner au goût. Amener à ébullition puis servir aussitôt. On peut aussi réfrigérer la soupe toute la nuit et la réchauffer le lendemain, elle n'en sera que plus savoureuse encore.

SOUPES

Soupe à la citrouille

Pour 8 convives

Idéale pour les soirées d'automne. Pour avoir une soupe faible en gras mais néanmoins onctueuse, servez-vous de lait concentré au lieu de crème.

Truc
Si vous ne disposez pas de citrouille fraîche, servez-vous de 500 ml (2 tasses) de purée de citrouille en conserve et incorporez-la à la soupe au moment où vous passez celle-ci dans le robot culinaire.

Garnissez cette soupe d'élégants zigzags de purée de piment ancho (voir la recette, p. 47) à l'aide d'une bouteille en plastique déformable.

50 ml	de beurre	1/4 de tasse
2	gros oignons hachés	2
1	branche de céleri hachée	1
2	poireaux hachés	2
3	grosses carottes hachées	3
3	grosses pommes de terre hachées	3
1,5 litre	de bouillon de poulet	6 tasses
500 ml	de citrouille fraîche pelée et coupée en cubes ou de citrouille en conserve, en purée	2 tasses
375 ml	de crème à fouetter ou de lait concentré	1 1/2 tasse
	Sel et poivre noir fraîchement moulu	
30 ml	de beurre	2 c. à soupe
50 ml	d'oignons verts hachés (ciboules)	1/4 de tasse
50 ml	de persil haché	1/4 de tasse

1. Dans l'autocuiseur, faire fondre le beurre à feu moyen. Y faire revenir les oignons et le céleri 5 minutes. Ajouter les blancs de poireaux, les carottes et les pommes de terre. Faire cuire 5 minutes en remuant. Incorporer le bouillon et la citrouille.
2. Sceller le couvercle et porter la pression à son maximum à feu vif. Réduire le feu à moyen-doux, juste pour garder la pression régulière, cuire 8 minutes. Retirer du feu et vite faire tomber la pression. Laisser refroidir un peu.
3. Dans le robot culinaire, réduire les aliments solides en purée avec une partie du liquide de cuisson. Remettre la purée dans la marmite et incorporer la crème. Réchauffer bien la soupe mais sans la faire bouillir. Assaisonner au goût puis faire fondre le beurre dans la soupe. Incorporer ensuite les oignons verts et le persil. Servir aussitôt.

Soupe marocaine aux pois chiches (Harira)

Pour 4 convives

La poudre de piment rouge donne du piquant à cette soupe à base de tomates. Pour la rendre plus piquante encore, mettez-y un piment brûlant.

125 ml	de pois chiches secs	1/2 tasse
30 ml	d'huile d'olive	2 c. à soupe
1	gros oignon haché	1
1	piment jalapeño ou piment brûlant haché	1
125 ml	de céleri haché	1/2 tasse
5 ml	de gingembre moulu	1 c. à thé
5 ml	de curcuma moulu	1 c. à thé
2 ml	de cannelle moulue	1/2 c. à thé
2 ml	de safran broyé (facultatif)	1/2 c. à thé
2 ml	de poivre noir fraîchement moulu	1/2 c. à thé
1 litre	d'eau	4 tasses
750 ml	de tomates fraîches ou en conserve (800 ml / 28 oz), broyées	3 tasses
280 ml	de bouillon de bœuf, non dilué	10 oz
175 ml	de lentilles vertes ou brunes	3/4 de tasse
45 ml	de jus de citron	3 c. à soupe
	Tranches de citron pour garnir	

1. Couvrir d'eau les pois chiches et les faire tremper toute la nuit ou utiliser la méthode rapide sous pression, p. 168. Égoutter.
2. Dans l'autocuiseur, faire chauffer l'huile à feu moyen. Y faire revenir l'oignon, le piment et le céleri 5 minutes ou jusqu'à ce qu'ils soient tendres. Ajouter les épices et cuire 1 minute. Incorporer les pois chiches, l'eau, les tomates, le bouillon, les lentilles et le jus de citron en s'assurant que l'autocuiseur n'est pas plus qu'à moitié plein.
3. Sceller le couvercle et porter la pression à son maximum à feu vif.

Réduire le feu à moyen-doux, juste pour garder la pression régulière, et cuire 20 minutes. Retirer du feu et laisser la pression tomber d'elle-même. Garnir avec des tranches de citron.

Gombo louisianais aux haricots noirs

POUR 4 À 6 CONVIVES

Cette soupe riche a presque la consistance d'un ragoût. Servez-la comme plat principal avec du pain au maïs et de la bière ou sur un lit de riz chaud dans des bols à soupe profonds.

500 ml	de haricots noirs secs	2 tasses
1,75 litre	d'eau	7 tasses
125 ml	d'huile végétale	1/2 tasse
125 ml	de farine tout usage	1/2 tasse
1 kg	de chair à saucisse italienne émiettée	2 lb
6	gousses d'ail hachées fin	6
4	oignons hachés	4
4	branches de céleri hachées	4
1	poivron rouge haché	1
10 ml	de thym séché	2 c. à thé
1 litre	de bouillon de poulet	4 tasses
45 ml	de sauce Worcestershire	3 c. à soupe
125 ml	de persil haché	1/2 tasse
125 ml	d'oignons verts hachés (ciboules)	1/2 tasse
	Sel et poivre noir fraîchement moulu, au goût	
750 ml	de riz blanc cuit	3 tasses
125 ml	de tomates épépinées hachées	1/2 tasse

1. Couvrir d'eau les haricots et les faire tremper toute la nuit ou utiliser la méthode rapide sous pression, p. 168. Égoutter.
2. Dans l'autocuiseur, mélanger l'eau et les haricots. Sceller le couvercle et porter la pression à son maximum à feu vif. Réduire le feu à moyen-doux, juste pour garder la pression régulière, et cuire 10 minutes. Retirer du feu et laisser la pression tomber d'elle-même. Égoutter les haricots et les réserver.
3. Essuyer l'intérieur de la marmite puis faire chauffer l'huile à feu moyen-

doux ; y incorporer la farine en remuant constamment pendant 2 minutes environ, jusqu'à ce que le roux prenne une belle couleur brun doré. (Attention, ce mélange devient très chaud et brûle facilement!) Réduire le feu à doux. Incorporer la chair à saucisse, l'ail, les oignons, le céleri, le poivron et le thym ; cuire le tout, en remuant constamment, 10 minutes, ou jusqu'à ce que les légumes soient tendres. Ajouter les haricots, le bouillon et la sauce Worcestershire.
4. Sceller le couvercle et porter la pression à son maximum à feu vif. Réduire le feu à moyen-doux, juste pour garder la pression régulière, et cuire 8 minutes. Retirer du feu et laisser la pression tomber d'elle-même. Ajouter les oignons verts et le persil et assaisonner au goût.
5. Placer une louchée de riz au centre de chaque bol à soupe et verser du gombo tout autour. Garnir de tomate hachée.

Soupe épicée aux haricots et à l'orge

POUR 6 CONVIVES

Cette soupe est tout indiquée quand on a des restes de lentilles, de pois et de haricots secs parce qu'on peut les substituer aux légumineuses prescrites dans la recette.

Pour un repas consistant, servez cette soupe avec un petit pain au lait ou du pain de ménage.

250 ml	de haricots secs mêlés (blancs, noirs, rouges, etc.)	1 tasse
125 ml	d'orge mondé ou perlé	1/2 tasse
50 ml	de pois jaunes ou verts cassés	1/4 de tasse
50 ml	de lentilles rouges	1/4 de tasse
10 ml	de cumin moulu	2 c. à thé
10 ml	d'origan séché	2 c. à thé
1	feuille de laurier	1
1	petit piment fort sec broyé ou 2 ml (1/2 c. à thé) de piment rouge broyé	1
5 ml	de poudre de piment rouge	1 c. à thé
1,25 litre	d'eau froide	5 tasses
2	gousses d'ail hachées fin	2
1	branche de céleri hachée	1
1	oignon haché	1
400 ml	de tomates en conserve, hachées	14 oz
	Sel et poivre noir fraîchement moulu, au goût	
30 ml	de persil haché	2 c. à soupe

1. Couvrir d'eau les haricots et les faire tremper toute la nuit ou utiliser la méthode rapide sous pression, p. 168. Égoutter.
2. Dans l'autocuiseur, mélanger les haricots, l'orge, les pois cassés, les lentilles, le cumin, l'origan, le laurier, le piment, la poudre de piment rouge, l'eau, l'ail, le céleri, l'oignon et les tomates. Sceller le couvercle et porter la pression à son maximum à feu vif. Réduire le feu à moyen-doux, juste pour garder la pression régulière, et cuire 20 minutes.

Retirer du feu et laisser la pression tomber d'elle-même. Les haricots et l'orge devraient être tendres. Sinon, reprendre la cuisson sous haute pression pendant 5 minutes. Laisser ensuite la pression tomber d'elle-même.

3. Jeter la feuille de laurier. Assaisonner au goût et garnir de persil.

Bisque aux champignons et aux pommes de terre

Pour 4 convives

Il y a très peu de crème dans cette soupe aux champignons raffinée, ce sont les pommes de terre qui lui donnent sa texture veloutée. Pour en faire une version végétarienne, omettez le bouillon de poulet. Pour gagner du temps, on peut hacher les légumes et les champignons au robot culinaire.

Truc
Si vous avez le temps de faire du bouillon maison, préparez celui dont la recette est donnée aux pages 232 et 234.

15 ml	d'huile d'olive	1 c. à soupe
2	gousses d'ail hachées fin	2
1	petit oignon haché	1
1	petite tomate épépinée et hachée	1
250 ml	de champignons mélangés, hachés fin	1 tasse
375 g	de pommes de terre jaunes pelées et râpées	12 oz
1 litre	de bouillon de poulet ou de légumes	4 tasses
1	feuille de laurier	1
4 ml	de thym haché	3/4 de c. à thé
125 ml	de crème à fouetter	1/2 tasse
	Sel et poivre noir fraîchement moulu	

1. Dans l'autocuiseur, faire chauffer l'huile à feu moyen. Y faire revenir l'ail et l'oignon 5 minutes. Ajouter les légumes préparés et cuire, en remuant, 5 minutes ou jusqu'à ce que les champignons aient ramolli. Ajouter le bouillon, le laurier et le thym.
2. Sceller le couvercle et porter la pression à son maximum à feu vif. Réduire le feu à moyen-doux, juste pour garder la pression régulière, et cuire 5 minutes. Faire tomber la pression rapidement.
3. Jeter la feuille de laurier. Incorporer la crème et réchauffer la soupe mais sans la faire bouillir. À l'aide d'un pilon, écraser les pommes de terre pour épaissir la soupe ; pour une soupe plus lisse encore, se servir d'un mixeur. Assaisonner au goût.

Photographies: Dhal et pappadams (p. 33)
Gombo louisianais aux haricots noirs (p. 60)
Poulet entier rôti au citron, à l'ail et aux herbes (p. 86)
Tortillas au porc, aux tomates vertes et aux piments (p. 112)

SOUPES

Soupe d'hiver aux champignons et à l'orge

Pour 4 convives

Voici une soupe végétarienne paysanne à laquelle les champignons et l'orge donnent toute sa saveur. Pour une soupe plus goûteuse encore, mais non végétarienne, utilisez du bouillon de bœuf ou de poulet au lieu de l'eau.

30 ml	de beurre	2 c. à soupe
15 ml	d'huile d'olive	1 c. à soupe
1	gros oignon coupé en deux et tranché	1
2	branches de céleri hachées	2
1	carotte hachée	1
10 ml	d'ail haché	2 c. à thé
1	feuille de laurier	1
1	chapeau de portobello haché	1
250 g	de champignons frais mélangés, tranchés	8 oz
125 ml	d'orge mondé ou perlé	1/2 tasse
1,5 litre	d'eau	6 tasses
30 ml	de vermouth ou de cognac	2 c. à soupe
10 ml	de sel	2 c. à thé
1 ml	de poivre noir fraîchement moulu	1/4 de c. à thé
	Persil haché pour garnir	

1. Dans l'autocuiseur, faire chauffer le beurre et l'huile à feu moyen. Y faire revenir l'oignon 5 minutes ou jusqu'à ce qu'il ait ramolli. Ajouter le céleri, la carotte, l'ail et le laurier, et les faire dorer, en remuant souvent, 10 minutes ou jusqu'à ce que l'oignon commence à se colorer.
2. Ajouter tous les champignons et les faire cuire pendant 5 minutes ou jusqu'à ce qu'ils dégorgent. Incorporer l'orge, l'eau, le vermouth, le sel et le poivre.
3. Sceller le couvercle et porter la pression à son maximum à feu vif. Réduire le feu à moyen-doux, juste pour garder la pression régulière, et cuire 20 minutes. Retirer du feu et laisser la pression tomber d'elle-même.
4. Jeter la feuille de laurier et vérifier l'assaisonnement. Garnir de persil et servir aussitôt.

Pasta e fagioli (Italie)

POUR 6 CONVIVES

Est-ce une soupe à manger avec une fourchette ou un plat de pâtes à manger avec une cuiller ? D'une manière ou de l'autre, cette soupe italienne constitue, avec un pichet de vin et une miche de pain, un délicieux repas complet pour quelques bons amis. Le nom italien de la recette signifie tout simplement « pâtes et haricots ».

375 ml	de haricots blancs cannellini secs	1 1/2 tasse
45 ml	d'huile d'olive extravierge	3 c. à soupe
2	branches de céleri hachées	2
1	gros oignon haché	1
1	carotte hachée	1
125 g	de pancetta (ou de prosciutto) hachée fin	4 oz
15 ml	d'ail haché	1 c. à soupe
15 ml	de romarin haché	1 c. à soupe
5 ml	de basilic séché	1 c. à thé
1 ml	de flocons de piment rouge séché	1/4 de c. à thé
400 ml	de tomates italiennes en conserve, hachées	14 oz
750 ml	de bouillon de poulet	3 tasses
375 ml	de pâtes italiennes courtes (penne, rotini, macaroni)	1 1/2 tasse
	Sel et poivre noir fraîchement moulu	
	Huile d'olive extravierge, brins de romarin, parmesan râpé pour garnir	

1. Couvrir d'eau les haricots et les faire tremper toute la nuit ou utiliser la méthode rapide sous pression, p. 168. Égoutter.
2. Dans l'autocuiseur, faire chauffer l'huile à feu moyen. Y faire dorer le céleri, l'oignon, la carotte, la pancetta et l'ail. Ajouter les haricots, le romarin, le basilic, le piment rouge, les tomates et le bouillon.
3. Sceller le couvercle et porter la pression à son maximum à feu vif. Réduire le feu à moyen-doux, juste pour garder la pression régulière, et cuire 15 minutes. Retirer du feu et laisser la pression tomber d'elle-

même. Les haricots devraient être très tendres et commencer à se désagréger. Sinon, reprendre la cuisson sous haute pression pendant 1 à 2 minutes. Retirer du feu et laisser la pression tomber d'elle-même.
4. Incorporer les pâtes à la soupe puis laisser mijoter le tout, à découvert, pendant 5 à 7 minutes, jusqu'à ce que les pâtes soient cuites. Servir la soupe dans des bols profonds. Garnir avec un filet d'huile, un brin de romarin et le parmesan râpé.

Volailles

69

Ragoût de poulet aux légumes

Pour 4 à 6 convives

La viande brune des cuisses de poulet se prépare bien à l'autocuiseur et donne un ragoût cuit à la perfection et savoureux.

1,5 kg	de cuisses de poulet désossées et sans peau, coupées en cubes de 5 cm (2 po)	3 lb
15 ml	d'huile végétale	1 c. à soupe
1	gros oignon haché	1
2	gousses d'ail hachées fin	2
15 ml	de farine tout usage	1 c. à soupe
8 à 10	pommes de terre rouges nouvelles en quartiers	8 à 10
3	branches de céleri coupées en dés	3
1	panais pelé et coupé en dés	1
1	petit navet pelé et coupé en dés	1
500 ml	de mini-carottes	2 tasses
250 ml	de bouillon de poulet	1 tasse
125 ml	de vin blanc sec ou de sherry	1/2 tasse
1	feuille de laurier	1
30 ml	de persil haché	2 c. à soupe
5 ml	de thym frais haché (ou 2 ml / 1/2 c. à thé de thym séché)	1 c. à thé
5 ml	de sauge hachée (ou 2 ml / 1/2 c. à thé de sauge séchée)	1 c. à thé
	Sel et poivre noir fraîchement moulu	

1. Dans l'autocuiseur, faire chauffer l'huile à feu moyen. Y faire dorer le poulet, quelques cuisses à la fois. Réserver.
2. Passer le liquide en ne gardant que 15 ml (1 c. à soupe) de gras. Ajouter l'oignon et l'ail et les faire revenir 2 minutes. Incorporer la farine et les

légumes. Incorporer petit à petit le bouillon et le vin. Ajouter le laurier. Amener à ébullition et remettre le poulet dans la marmite avec le jus de cuisson.
3. Sceller le couvercle et porter la pression à son maximum à feu vif. Réduire le feu à moyen-doux, juste pour garder la pression régulière, et cuire 12 minutes. Retirer du feu et vite faire tomber la pression.
4. Jeter la feuille de laurier. Incorporer les fines herbes et assaisonner au goût.

Poulet et nouilles à la thaïlandaise

Pour 6 convives

Quand vous achetez de la coriandre fraîche, cherchez des tiges qui ont encore leurs racines ; vous pouvez les utiliser pour donner encore plus de goût à la sauce au curry crémeuse de cette recette.

La pâte de curry vert thaïlandaise est vendue en pots ou en sachets dans les épiceries asiatiques.

6	lanières de zeste de citron	6
3	tiges et racines de coriandre	3
2	piments serranos coupés en deux dans le sens de la longueur	2
1 kg	de poitrines (ou cuisses) de poulet désossées et sans peau, coupées en lanières	2 lb
30 à 45 ml	de pâte de curry vert	2 à 3 c. à soupe
500 ml	de lait de coco léger	2 tasses
1	petite aubergine japonaise coupée en petits dés	1
15 ml	de cassonade bien tassée	1 c. à soupe
2 ml	de poivre blanc	1/2 c. à thé
2 ml	de sel	1/2 c. à thé
15 ml	de sauce de poisson (*nam pla*)	1 c. à soupe
5 ml	de sauce soja foncée	1 c. à thé
5 ml	de jus de citron	1 c. à thé
3	oignons verts (ciboules) coupés en fines lanières	3
50 ml	de coriandre hachée	1/4 de tasse
250 g	de nouilles aux œufs chinoises cuites à la vapeur	8 oz

1. Mettre le zeste de citron, les tiges et les racines de coriandre et les piments dans plusieurs épaisseurs de mousseline et en faire un sachet. Réserver.

2. Faire sauter le poulet et la pâte de curry à feu moyen pendant 3 à 5 minutes, jusqu'à ce que le poulet commence à dorer. Incorporer le lait de coco, l'aubergine, la cassonade, le poivre, le sel, la sauce de poisson, la sauce soja, le jus de citron et le sachet de coriandre.
3. Sceller le couvercle et porter la pression à son maximum à feu vif. Réduire le feu à moyen-doux, juste pour garder la pression régulière, et cuire 8 minutes. Retirer du feu et vite faire tomber la pression.
4. Jeter le sachet. Laisser mijoter le plat à découvert pour le faire épaissir (au besoin). Servir sur les nouilles dans des bols profonds puis garnir le tout d'oignons verts et de coriandre.

Poulet du dimanche de grand-maman

Pour 6 convives

Chaque dimanche, après la messe, ma grand-mère avait l'habitude de nous préparer cette version de son crû du pot-au-feu au poulet. Quand nous entrions dans sa petite maison, celle-ci embaumait tout entière la bonne soupe au poulet. Ce repas se déroulait en deux temps ; tout d'abord c'était la soupe au bouillon plein de petites nouilles coupées à la main et puis c'était le ragoût de poulet et de légumes arrosé de sauce crémeuse à l'aneth. Ma grand-mère devait se lever très tôt le dimanche pour préparer ce repas que vous pouvez faire aujourd'hui en 20 minutes.

8 à 10	petites pommes de terre rouges coupées en deux	8 à 10
4	grosses carottes coupées en gros morceaux	4
4	branches de céleri coupées en gros morceaux	4
3	gousses d'ail pelées	3
2	oignons coupés en 6 quartiers chacun	2
2	panais coupés en gros morceaux	2
1	feuille de laurier	1
15 ml	de thym frais haché (ou 5 ml / 1 c. à thé de thym séché)	1 c. à soupe
5 ml	de sel	1 c. à thé
5 ml	de grains de poivre	1 c. à thé
1	poulet ou une poule de 1,5 à 2 kg (3 à 4 lb)	1
1,5 litre	de bouillon de poulet ou d'eau	6 tasses
375 ml	de petites nouilles aux œufs	1 1/2 tasse

SAUCE CRÉMEUSE À L'ANETH :

30 ml	de beurre	2 c. à soupe
30 ml	de farine tout usage	2 c. à soupe
175 ml	de crème ou de lait	3/4 de tasse
30 ml	d'aneth frais haché (ou 5 ml / 1 c. à thé d'aneth séché)	2 c. à soupe
Une pincée	de paprika	Une pincée
	Sel et poivre noir fraîchement moulu au goût	

1. Dans l'autocuiseur, mélanger les pommes de terre, les carottes, le céleri, l'ail, les oignons, les panais, le laurier, le thym, le sel et le poivre. Placer le poulet par-dessus et verser l'eau. Amener à ébullition, écumer.
2. Sceller le couvercle et porter la pression à son maximum à feu vif. Réduire le feu à moyen-doux, juste pour garder la pression régulière, et cuire 20 minutes si le poulet pèse 1,3 kg (3 lb) et 25 à 30 minutes s'il pèse 1,5 à 1,8 kg (3 1/2 à 4 lb). Retirer du feu et laisser la pression tomber d'elle-même. S'assurer que le poulet est très tendre. Sinon, le remettre à cuire sous haute pression 3 à 5 minutes de plus. Laisser la pression tomber d'elle-même.
3. Passer le bouillon dans un tamis fin placé au-dessus d'une autre marmite et jeter le plus de gras possible. Réserver 125 ml (1/2 tasse) de ce bouillon pour la sauce. Réserver aussi le reste du bouillon. Enlever la peau du poulet et le découper en morceaux. Disposer le poulet et les légumes dans un plat de service et couvrir celui-ci de papier d'aluminium sans serrer. Garder le plat chaud à 100 °C (200 °F).
4. **Sauce crémeuse à l'aneth :** Dans une petite casserole, faire fondre le beurre à feu doux puis y incorporer la farine et faire cuire 1 minute. Incorporer petit à petit les 125 ml (1/2 tasse) de bouillon réservé et la crème. Amener à ébullition, et faire cuire et épaissir, en remuant souvent, 5 minutes. Ajouter l'aneth et le paprika. Assaisonner au goût. Garder la sauce au chaud dans une saucière.
5. Amener à ébullition le reste du bouillon puis y mettre les nouilles aux œufs. Réduire la chaleur et laisser mijoter 5 minutes environ, juste le temps de faire cuire les pâtes.
6. Verser la soupe dans 6 bols à soupe profonds. Une fois la soupe consommée, servir le poulet, les légumes et la sauce à l'aneth.

Ragoût de poulet à la louisianaise

Pour 8 à 10 convives

Cette recette de ragoût de poulet désossé s'inspire de la cuisine cajun. Il faut, pour la réaliser, un autocuiseur d'une capacité de 7 litres (6 pintes) — couper les proportions des ingrédients en deux au besoin.

On peut servir ce plat avec de la purée de pommes de terre, du riz brun ou du pain au maïs.

15 ml	de sel	1 c. à soupe
15 ml	de poudre d'ail	1 c. à soupe
15 ml	de poivre de Cayenne	1 c. à soupe
2 kg	de cuisses de poulet désossées et sans peau coupées en gros morceaux	4 lb
50 ml	de farine tout usage	1/4 de tasse
50 ml	d'huile d'olive	1/4 de tasse
3	gousses d'ail hachées fin	3
2	branches de céleri hachées	2
1	gros oignon haché	1
1	poivron vert haché	1
1	poivron rouge haché	1
1	piment vert épépiné et haché	1
2	feuilles de laurier	2
10 ml	de marjolaine séchée	2 c. à thé
400 ml	de tomates en conserve, réduites en purée	14 oz
340 ml	de bière brune	12 oz
125 ml	de bouillon de poulet	1/2 tasse
15 ml	de sauce Worcestershire	1 c. à soupe
	Sel et poivre noir fraîchement moulu, au goût	

1. Mélanger le sel, la poudre d'ail et le poivre de Cayenne dans un petit bol. Enrober le poulet de 15 ml (1 c. à soupe) de ce mélange et le laisser reposer 10 minutes à la température ambiante.
2. Dans un sac de plastique, mélanger la farine avec un autre 15 ml (1 c. à soupe) du mélange d'épices. Mettre les morceaux de poulet dans le sac

et les enduire de farine. Réserver le reste de la farine.
3. Dans l'autocuiseur, faire chauffer 30 ml (2 c. à soupe) de l'huile d'olive à feu moyen. Y faire dorer le poulet, quelques morceaux à la fois. Placer le poulet dans un bol et réserver.
4. Réduire le feu à moyen. Ajouter l'ail, le céleri, les oignons, les poivrons et le piment et les faire revenir 5 minutes ou jusqu'à ce que les oignons aient ramolli. Incorporer le laurier, la marjolaine, les tomates, la bière, le bouillon, la sauce Worcestershire et le reste du mélange d'épices. Ajouter le poulet.
5. Sceller le couvercle et porter la pression à son maximum à feu vif. Réduire le feu à moyen-doux, juste pour garder la pression régulière, et cuire 15 à 20 minutes. Retirer du feu et vite faire tomber la pression. Jeter la feuille de laurier.
6. Entre-temps, dans un poêlon, faire chauffer 30 ml (2 c. à soupe) d'huile d'olive à feu moyen. Y mettre 30 ml (2 c. à soupe) de la farine épicée réservée puis, en ajoutant de l'huile au besoin, faire cuire ce roux 10 minutes environ, en remuant sans cesse, jusqu'à ce qu'il prenne une belle couleur brun doré. (Attention, cette sauce devient très chaude et brûle facilement!) Incorporer un peu du liquide de cuisson au roux. Remettre la sauce dans le ragoût et faire épaissir le tout, à découvert. Assaisonner au goût.

Coq au vin

Pour 6 convives

Cette recette traditionnelle française se sert sur des nouilles ou avec des pommes de terre bouillies. On peut servir ce plat lors d'un souper fin ou le mettre au menu d'un jour de semaine. N'oubliez pas le cognac, c'est lui qui donne tout son parfum à ce plat désormais facile et rapide à faire.

Truc

Pour peler les petits oignons, plongez-les dans l'eau bouillante quelques minutes puis passez-les sous un jet d'eau froide. Il suffira ensuite de les pincer entre le pouce et l'index pour en enlever la peau.

2	brins de thym	2
1	brin de persil	1
1	feuille de laurier	1
1,75 kg	de morceaux de poulet désossés et sans peau (poitrines, cuisses)	3 1/2 lb
4	tranches de bacon doublement fumé, hachées	4
15 ml	(environ) d'huile d'olive	1 c. à soupe
10	petits oignons blancs (ou échalotes sèches) pelés (voir ci-contre)	10
2	gousses d'ail hachées fin	2
2	branches de céleri émincées	2
1	carotte râpée	1
500 ml	de vin rouge sec	2 tasses
50 ml	de cognac	1/4 de tasse
250 g	de champignons blancs coupés en gros morceaux	8 oz
30 ml	de fécule de maïs délayée dans 30 ml (2 c. à soupe) d'eau	2 c. à soupe
45 ml	de persil haché	3 c. à soupe
	Sel et poivre noir fraîchement moulu	

1. Préparer un bouquet garni avec le thym, le persil et le laurier. Réserver.
2. Dans l'autocuiseur, faire sauter le bacon à feu moyen-vif jusqu'à ce qu'il commence à être croustillant puis le mettre dans un bol. Mettre les morceaux de poulet dans la marmite, quelques-uns à la fois, et les faire

dorer, en ajoutant de l'huile au besoin. Mettre le poulet dans un bol et réserver. Réduire le feu à moyen. Faire dorer les oignons et l'ail. Ajouter ensuite le céleri, a carotte, le vin, le cognac, les champignons, le bouquet garni, le poulet, le bacon et le jus de cuisson.

3. Sceller le couvercle et porter la pression à son maximum à feu vif. Réduire le feu à moyen-doux, juste pour garder la pression régulière, et cuire 10 à 12 minutes. Retirer du feu et vite faire tomber la pression.

4. Incorporer la fécule préparée dans le ragoût puis faire cuire et épaissir le tout à feu moyen. Jeter le bouquet garni. Ajouter le persil et assaisonner au goût. Servir le coq au vin sur un lit de nouilles ou entouré de pommes de terre nouvelles bouillies. Garnir les assiettes de persil.

Poulet au saucisson et au riz

POUR 4 CONVIVES

Ce plat de riz d'origine sud-américaine rappelle beaucoup la paella ou le jambalaya. Ici, il faut respecter scrupuleusement le temps de cuisson car après 10 minutes sous haute pression et 5 minutes de décompression, le riz aura absorbé tout le bouillon.

750 ml	de bouillon de poulet	3 tasses
2	filaments de safran broyés	2
1 kg	de cuisses de poulet désossées et sans peau, coupées en cubes de 5 cm (2 po)	2 lb
30 ml	d'huile d'olive	2 c. à soupe
2	gousses d'ail hachées fin	2
1	oignon haché	1
1	poivron vert haché	1
1	poivron rouge haché	1
125 à 250 g	de saucisson piquant (chorizo ou autre) haché	4 à 8 oz
2	tomates italiennes épépinées et hachées	2
425 ml	de riz à grains longs	1 3/4 tasse
250 ml	de pois surgelés, décongelés	1 tasse
30 ml	de persil haché	2 c. à soupe

1. Dans un bol, délayer le safran dans le bouillon et réserver.
2. Faire chauffer l'huile à feu moyen-vif. Y mettre le poulet, quelques cubes à la fois, et le faire dorer. Placer la viande dans un bol et réserver.
3. Réduire le feu à moyen. Ajouter l'ail, l'oignon, les poivrons et les faire revenir 5 minutes ou jusqu'à ce que l'oignon ait ramolli. Incorporer le saucisson, le riz et les tomates et faire sauter 3 minutes. Disposer le poulet sur le riz et verser le bouillon au safran.
4. Sceller le couvercle et porter la pression à son maximum à feu vif. Réduire le feu à moyen-doux, juste pour garder la pression régulière, et cuire 10 minutes. Retirer du feu et laisser la pression tomber d'elle-même pendant 5 minutes. Évacuer rapidement le reste de la pression. Incorporer les pois au mélange et servir garni de persil.

VOLAILLES

Poulet à la sauce aux champignons

Pour 4 convives

Servez ce poulet et cette sauce à l'ancienne, mais ultravite faits, sur un lit de nouilles ou avec de la purée de pommes de terre.

30 ml	de beurre	2 c. à soupe
4	poitrines de poulet désossées et sans peau, coupées en deux	4
500 ml	de champignons tranchés	2 tasses
1	oignon haché	1
1	gousse d'ail hachée fin	1
250 ml	de bouillon de poulet	1 tasse
30 ml	de sherry	2 c. à soupe
5 ml	de moutarde de Dijon	1 c. à thé
75 ml	de crème à fouetter	1/3 de tasse
	Sel et poivre noir moulu	

1. Dans l'autocuiseur, faire fondre le beurre à feu moyen-vif. Y faire dorer le poulet, quelques morceaux à la fois, et le placer à mesure dans un bol. Réserver.
2. Ajouter les champignons, l'oignon et l'ail et les faire dorer. Placer le poulet sur les légumes. Ajouter le bouillon et le sherry.
3. Sceller le couvercle et porter la pression à son maximum à feu vif. Réduire le feu à moyen-doux, juste pour garder la pression régulière, et cuire 5 minutes. Retirer du feu et vite faire tomber la pression.
4. Placer le poulet dans un plat préchauffé. Incorporer la moutarde et la crème au contenu de la marmite puis amener le tout à ébullition et faire réduire 3 minutes (mais sans faire bouillir). Assaisonner la sauce au goût puis en napper le poulet. Servir ce poulet avec des pâtes italiennes ou de la purée de pommes de terre.

Dinde aux pruneaux et à l'armagnac

Pour 4 à 6 convives

Cette recette s'inspire d'un plat de lapin aux pruneaux d'Agen et au cognac très populaire dans le sud-ouest de la France. On peut toujours, comme ici, substituer de la dinde au lapin mais ce dernier est de loin préférable. La sauce riche et foncée qui accompagne ce plat peut aussi se servir sur du canard ou du poulet. Servez la dinde sur des boulettes de pâte fraîches (spätzles) ou sur un lit de nouilles ou de riz.

1,5 kg	de cuisses ou de poitrines de dinde désossées et sans peau, coupées en 8 à 10 morceaux	3 lb
50 ml	de farine tout usage	1/4 de tasse
2 ml	de sel	1/2 c. à thé
1 ml	de poivre noir fraîchement moulu	1/4 de c. à thé
45 ml	d'huile d'olive	3 c. à soupe
50 g	de bacon coupé en petits dés	2 oz
4	carottes tranchées	4
2	gousses d'ail hachées fin	2
10 ml	de thym frais haché	2 c. à thé
1	oignon coupé en quartiers	1
1	branche de céleri émincée	1
250 ml	de pruneaux dénoyautés et hachés	1 tasse
250 ml	de vin rouge sec	1 tasse
30 ml	de mie	2 c. à soupe
75 ml	d'armagnac ou de cognac	1/3 de tasse
125 ml	d'eau ou de bouillon de poulet	1/2 tasse

1. Dans un sac de plastique, mélanger la farine, le sel et le poivre. Mettre les morceaux de dinde dans le sac et les enrober du mélange. Dans l'autocuiseur, faire chauffer l'huile à feu moyen. Y faire revenir le bacon, en remuant, jusqu'à ce qu'il commence à rendre son gras. Ajouter la dinde, quelques morceaux à la fois, et la faire dorer. Placer la dinde à mesure dans un bol et réserver.

2. Mettre les carottes, le thym, l'oignon et le céleri dans l'autocuiseur et les faire revenir 2 minutes. Ajouter la dinde cuite puis les pruneaux. Dans

Truc

Si vous décidez de vous servir de canard dans cette recette, faites précuire celui-ci à l'autocuiseur pour le dégraisser. Vous n'aurez alors pas besoin de le faire dorer. Pour ce faire, placez la clayette ou le panier à étuver au fond de la marmite et versez 750 ml (3 tasses) d'eau. Placez 1,5 kg (3 lb) de cuisses (ou de morceaux) de canard dessus et faites-les cuire à la vapeur 10 minutes. Retirez la viande et la clayette ou le panier à étuver de la marmite, jetez le jus de cuisson puis mettez tous les ingrédients dans la marmite et faites cuire le tout 10 minutes.

un bol, mélanger le vin, le miel, l'armagnac et l'eau, et en arroser la dinde.

3. Sceller le couvercle et porter la pression à son maximum à feu vif. Réduire le feu à moyen-doux, juste pour garder la pression régulière, et cuire 10 minutes. Retirer du feu et vite faire tomber la pression.
4. Placer la dinde dans un plat de service profond et chaud. On peut, si on le désire, laisser mijoter la sauce pour l'épaissir avant de la verser sur la viande.

Ragoût de poulet marocain au citron (Tagine)

Pour 4 à 6 convives

Le tagine est un ragoût marocain. Ici, on remplace les traditionnels citrons marinés par du zeste et du jus de citron.

Métrique	Ingrédient	Impérial
1 kg	de poitrines de poulet désossées et sans peau, coupées en deux transversalement	2 lb
30 ml	de beurre	2 c. à soupe
15 ml	d'huile d'olive extravierge	1 c. à soupe
2	gros oignons hachés fin	2
2	gousses d'ail hachées fin	2
10 ml	de gingembre frais, émincé	2 c. à thé
5 ml	de cumin moulu	1 c. à thé
2 ml	de filaments de safran broyés	1/2 c. à thé
	Le zeste en lanières et le jus d'1 gros citron (50 ml / 1/4 de tasse)	
500 ml	de bouillon de poulet	2 tasses
30 ml	de mie	2 c. à soupe
12	grosses olives vertes dénoyautées	12
30 ml	de fécule de maïs délayée dans 30 ml (2 c. à soupe) d'eau	2 c. à soupe
30 ml	de persil plat haché	2 c. à soupe
	Sel et poivre noir fraîchement moulu, au goût	
500 ml	de couscous	2 tasses
300 ml	de bouillon de poulet	2 1/4 tasses

1. Dans l'autocuiseur, faire chauffer le beurre et l'huile à feu moyen. Y mettre le poulet, quelques morceaux à la fois, et le faire dorer. Placer la viande à mesure dans un bol. Quand tout le poulet est bien doré, le remettre dans la marmite. Ajouter les oignons, l'ail et le gingembre, et les faire sauter 5 minutes. Incorporer le safran, le cumin, le bouillon

et la moitié du zeste. Ajouter le jus de citron et le miel.
2. Sceller le couvercle et porter la pression à son maximum à feu vif. Réduire le feu à moyen-doux, juste pour garder la pression régulière, et cuire 8 minutes. Retirer du feu et vite faire tomber la pression.
3. Incorporer les olives et le reste du zeste puis la fécule préparée. Laisser mijoter la sauce jusqu'à ce qu'elle soit épaisse et veloutée. Incorporer le persil et assaisonner au goût.
4. Entre-temps, dans une casserole, amener le bouillon de poulet à ébullition; y jeter le couscous en pluie, couvrir et retirer du feu. Laisser reposer 5 minutes. Faire gonfler le couscous avec une fourchette puis le placer dans une grande assiette de service en faisant un puits au centre. Disposer les morceaux de poulet sur le couscous et les arroser généreusement de sauce.

Poulet entier rôti au citron, à l'ail et aux herbes

Pour 4 convives

Cette volaille braisée aux parfums de citron, d'ail, de romarin et de thym fond littéralement dans la bouche. Pour rendre la peau croustillante, il suffit de mettre le poulet dans un four préchauffé (à 220 °C/ 450 °F) pendant 10 à 15 minutes ou alors enlever la peau au moment de servir. Ce poulet est aussi délicieux froid et peut se servir dans une salade ou être emporté à l'occasion d'un pique-nique

1	poulet d'environ 1,5 kg (3 lb) (selon la capacité de l'autocuiseur)	1
4	gousses d'ail hachées fin	4
15 ml	de thym frais haché	1 c. à soupe
15 ml	de romarin haché	1 c. à soupe
	Le zeste râpé d'1 citron	
	Le jus d'1 citron	
30 ml	d'huile d'olive	2 c. à soupe
500 ml	de bouillon de poulet	2 tasses
	Poivre noir fraîchement moulu	
30 ml	de fécule de maïs délayée dans 15 ml (1 c. à soupe) d'eau	2 c. à soupe

1. Dans un petit bol, mélanger l'ail, le thym et le romarin puis enduire l'intérieur du poulet de la moitié de ce mélange de même qu'avec 15 ml (1 c. à soupe) de jus de citron et 5 ml (1 c. à thé) du zeste.
2. Dans l'autocuiseur, faire chauffer l'huile à feu vif. Y mettre le poulet et le faire dorer de tous les côtés. Verser le bouillon et le reste du jus de citron. Saupoudrer le reste du mélange d'ail et d'herbes.
3. Sceller le couvercle et porter la pression à son maximum à feu vif. Réduire le feu à moyen-doux, juste pour garder la pression régulière, et cuire 25 à 30 minutes. Retirer du feu et vite faire tomber la pression. Le poulet devrait être tendre et à une température intérieure de 75 °C (170 °F). S'il ne l'est pas, le remettre dans l'autocuiseur et le cuire sous haute pression 5 minutes ou plus selon le degré de cuisson obtenu. Retirer du feu et vite faire tomber la pression.

VOLAILLES

4. Placer le poulet sur une planche à découper et le couvr r de papier d'aluminium sans serrer pour le garder chaud. Verser le jus de cuisson dans une tasse graduée en verre puis en éliminer le plus de gras possible. Remettre le jus dans l'autocuiseur et amener à ébullition. Incorporer la fécule préparée et faire épaissir, 3 minutes environ. Assaisonner au goût et incorporer le reste du zeste de citron. Découper le poulet et le servir (avec ou sans la peau) avec la sauce.

Fricassée de poulet à la jamaïcaine

Pour 4 à 6 convives

Mettez le poulet à mariner la veille (tout au moins, le matin) du jour où vous désirez servir ce savoureux plat d'inspiration caraïbe. Les piments brûlants sont les plus forts qu'on puisse trouver. On peut les remplacer par des piments jalapeños ou serranos (en en mettant plus que la quantité indiquée dans la recette). On peut aussi mettre la même quantité de piments si l'on sert avec le plat une des sauces jamaïcaines brûlantes maintenant offertes sur le marché (dans une épicerie antillaise).

MARINADE :

	Le jus d'une lime	
2	gousses d'ail	2
10 ml	de thym frais	2 c. à thé
1	piment brûlant	1
15 ml	de sauce Worcestershire	1 c. à soupe
5 ml	de piment de la Jamaïque en grains ou moulu	1 c. à thé
	Sel et poivre noir fraîchement moulu	

POULET :

1,5 kg	de cuisses de poulet désossées ou	3 lb
	2 kg (4 lb) de morceaux de poulet, sans peau	
15 ml	d'huile végétale	1 c. à soupe
15 ml	de cassonade bien tassée	1 c. à soupe
1	oignon émincé	1
3	tomates pelées et hachées	3
250 ml	de bouillon de poulet	1 tasse
1	feuille de laurier	1
5 ml	de sauce au piment fort, ou au goût	1 c. à thé
5	oignons verts (ciboules) émincés	5
	Persil frais haché	

1. **Marinade :** Dans un robot culinaire, réduire en purée le jus de lime, l'ail, le thym, le piment, la sauce Worcestershire et le piment de la Jamaïque. Dans un grand plat de verre profond, verser la marinade sur le poulet et bien en mouiller celui-ci. Couvrir et mettre au froid pendant

VOLAILLES

au moins 2 heures ou toute la nuit. Égoutter, en réservant la marinade.

2. Dans l'autocuiseur, faire chauffer l'huile et la cassonade à feu moyen-vif et remuer jusqu'à ce que la cassonade soit fondue. Faire dorer le poulet dans ce mélange, quelques morceaux à la fois, 10 minutes environ. Placer la viande dans un bol et réserver.

3. Réduire le feu à moyen. Ajouter l'oignon et le faire revenir 5 minutes. Ajouter la marinade réservée, les tomates, le bouillon, le laurier et la sauce au piment. Remettre le poulet dans la marmite avec le jus de cuisson.

4. Sceller le couvercle et porter la pression à son maximum à feu vif. Réduire le feu à moyen-doux, juste pour garder la pression régulière, et cuire 10 minutes. Retirer du feu et vite faire tomber la pression. Jeter le laurier.

5. Placer le poulet dans une assiette de service chaude. Amener la sauce à ébullition et faire réduire jusqu'à la consistance voulue. Verser la sauce sur le poulet et garnir celui-ci d'oignons verts et de persil.

Cuisses de poulet au curry et au couscous

Pour 6 convives

Le garam masala est un mélange d'épices indien qu'on peut se procurer dans les épiceries orientales et certains marchés spécialisés.

Truc
Si vous manquez de temps, servez-vous de 30 ml (2 c. à soupe) de pâte de curry pour remplacer l'ail, la poudre de piment rouge, le poivre de Cayenne, la coriandre, le cumin et le curcuma indiqués dans la recette.

30 ml	de beurre	2 c. à soupe
1	gros oignon haché fin	1
2	gousses d'ail hachées fin	2
5 ml	de poudre de piment rouge	1 c. à thé
2 ml	de poivre de Cayenne	1/2 c. à thé
10 ml	de graines de coriandre moulues	2 c. à thé
5 ml	de cumin moulu	1 c. à thé
5 ml	de curcuma moulu	1 c. à thé
250 ml	de tomates italiennes hachées	1 tasse
1 kg	de cuisses de poulet désossées et sans peau, coupées en cubes de 2,5 cm (1 po)	2 lb
	Le jus d'1 citron	
2 ml	de sel	1/2 c. à thé
125 ml	de bouillon de poulet	1/2 tasse
10 ml	de garam masala	2 c. à thé
1	petit poivron rouge coupé en lanières	1
1	petite courgette coupée en allumettes	1
250 ml	de couscous	1 tasse
50 ml	de feuilles de coriandre hachées	1/4 de tasse
	Sel au goût	

1. Dans l'autocuiseur, faire fondre le beurre à feu moyen. Y faire revenir l'ail et l'oignon. Ajouter les épices (sauf le garam masala) et les tomates, et les faire sauter jusqu'à ce que les tomates soient cuites. Ajouter le poulet et couvrir de jus de citron et de sel. Ajouter le bouillon.
2. Sceller le couvercle et porter la pression à son maximum à feu vif.

Réduire le feu à moyen-doux, juste pour garder la pression régulière, et cuire 12 minutes. Retirer du feu et vite faire tomber la pression.

3. Incorporer le garam masala, le poivron rouge, la courgette et le couscous. Couvrir la marmite (mais sans sceller le couvercle) et laisser reposer 5 minutes. Faire gonfler le couscous avec une fourchette. Incorporer la coriandre hachée et saler au goût. Servir aussitôt.

Poulet rapide à la dijonnaise

Pour 4 convives

Ce plat de poulet ultrarapide à préparer peut se servir en famille un jour de semaine mais aussi pour impressionner des invités de marque.

La crème fraîche est une crème épaisse très facile à préparer avec un peu de crème sure ou de yogourt (yaourt) et de la crème à fouetter. Mélangez 500 ml (2 tasses) de crème à fouetter avec 125 ml (1/2 tasse) de crème sure et laissez reposer, recouvert, à la température ambiante pendant 12 heures. Une fois bien épaissi, ce mélange peut se conserver 2 semaines au réfrigérateur. On peut aussi s'en servir pour garnir différents desserts.

1 kg	de poitrines de poulet désossées et sans peau, coupées en deux	2 lb
15 ml	d'huile d'olive	1 c. à soupe
1	petit oignon émincé	1
45 ml	de moutarde de Dijon	3 c. à soupe
15 ml	de moutarde granuleuse (de Meaux)	1 c. à soupe
15 ml	de miel	1 c. à soupe
125 ml	de bouillon de poulet	1/2 tasse
50 ml	de vin blanc sec ou de jus de pomme	1/4 de tasse
125 ml	de crème sure ou de crème fraîche	1/2 tasse
30 ml	de farine tout usage	2 c. à soupe
	Herbes fraîches pour garnir	

1. Dans l'autocuiseur, faire chauffer l'huile à feu moyen-vif. Y mettre le poulet, quelques morceaux à la fois, et le faire dorer 5 minutes.
2. Dans un petit bol, mélanger les deux moutardes et le miel ; ajouter ensuite le bouillon et le vin. Verser cette sauce sur le poulet.
3. Sceller le couvercle et porter la pression à son maximum à feu vif. Réduire le feu à moyen-doux, juste pour garder la pression régulière, et faire cuire le poulet 8 minutes. Retirer du feu et vite faire tomber la pression.
4. Placer le poulet dans une assiette de service et le couvrir de papier d'aluminium sans serrer pour le garder chaud. Dans un petit bol, fouetter la crème sure et la farine puis les incorporer dans la marmite. Faire mijoter la sauce 2 à 3 minutes pour l'épaissir. Verser la sauce sur le poulet et garnir le tout d'herbes fraîches. Servir avec du brocoli et du riz sauvage ou des pommes de terre nouvelles.

Viandes
93

Rôti de bœuf (ou de bison)

Pour 6 convives

Servez-vous d'entrecôte ou de ronde de bœuf pour cette savoureuse recette. On peut aussi utiliser du bison, une nouvelle viande rouge très populaire parce qu'elle est très maigre et sans hormones de croissance ni antibiotiques. Une fois bien braisée, la viande devient très tendre et, grâce aux légumes réduits en purée, on obtient une sauce très riche mais sans avoir à y ajouter de gras. Le tout préparé en moins d'une heure!

1	rôti de bœuf (ou de bison) à braiser de 1,75 kg (3 1/2 lb)	1
50 ml	de farine tout usage	1/4 de tasse
2 ml	de sel	1/2 c. à thé
1 ml	de poivre noir fraîchement moulu	1/4 de c. à thé
45 ml	d'huile d'olive ou végétale	3 c. à soupe
1	grosse tomate hachée	1
250 ml	d'oignons coupés en dés	1 tasse
250 ml	de carottes coupées en dés	1 tasse
125 ml	de céleri coupé en dés	1/2 tasse
250 ml	de bouillon de bœuf	1 tasse
250 ml	de vin rouge sec	1 tasse
30 ml	de farine tout usage délayée dans 30 ml (2 c. à soupe) d'eau	2 c. à soupe
500 g	de grosses nouilles aux œufs ou de pommes de terre nouvelles	1 lb
	Thym ou origan frais, haché	

1. Dans un sac de plastique, mélanger la farine, le sel et le poivre. Y rouler la viande pour bien l'enrober. Jeter le reste de la farine.
2. Dans l'autocuiseur, faire chauffer l'huile à feu moyen-vif puis y faire rôtir la viande de tous les côtés. Placer le rôti dans une assiette et réserver.
3. Mettre la tomate, les oignons, les carottes et le céleri dans la marmite et les faire sauter quelques minutes jusqu'à ce qu'ils soient légèrement colorés. Placer le rôti sur les légumes et ajouter le bouillon et le vin.
4. Sceller le couvercle et porter la pression à son maximum à feu vif.

Réduire le feu à moyen-doux, juste pour garder la pression régulière, et cuire 45 minutes. Retirer du feu et vite faire tomber la pression.

5. Placer le rôti dans une assiette et le couvrir de papier d'aluminium sans serrer pour le garder chaud. Dans un mélangeur ou un robot culinaire, réduire les légumes et le bouillon en purée. Mettre ce mélange dans la marmite puis y incorporer la farine délayée. Amener à ébullition puis réduire la chaleur et laisser mijoter jusqu'à ce que la sauce ait épaissi, 5 minutes environ. Assaisonner la sauce au goût, d'abord avec le sel et le poivre puis avec le thym ou l'origan. Disposer les nouilles cuites ou les pommes de terre autour du rôti et arroser le tout de sauce.

Bœuf barbecue sur petit pain

Pour 8 convives

Voici le repas parfait à servir à l'occasion d'un brunch d'été. On peut le précuire partiellement le matin pour le finir sur le barbecue le moment venu. Pour donner un cachet western à ce repas, servez-le avec de la bière glacée, une salade de chou cru et une autre de pommes de terre. On peut aussi le servir avec des pommes de terre en robe des champs ou des fèves au lard.

1	poitrine de bœuf de 3 lb (1,5 kg) environ	1
3	gousses d'ail hachées fin	3
1	gros oignon émincé	1
1	piment chipotle ou jalapeño haché et 5 ml (1 c. à thé) de fumée liquide	1
125 ml	de cassonade bien tassée	1/2 tasse
340 ml	de bière brune	12 oz
250 ml	de ketchup	1 tasse
30 ml	de moutarde de Dijon	2 c. à soupe
15 ml	de poudre de piment rouge	1 c. à soupe
15 ml	de basilic séché	1 c. à soupe
5 ml	de cumin moulu	1 c. à thé
	Sauce Worcestershire, au goût	
	Sel et poivre noir fraîchement moulu	
	Petits pains à l'oignon croustillants	

1. Enlever le gras de la pièce de viande puis la rouler pour lui donner une forme égale, et la ficeler ici et là. Assaisonner de sel et de poivre. Placer la poitrine dans l'autocuiseur.
2. Dans un bol, mélanger l'ail, l'oignon, le piment, la fumée liquide, la cassonade, la bière, le ketchup, la moutarde, la poudre de piment rouge, le basilic, le cumin et la sauce Worcestershire. Verser cette sauce sur la viande.
3. Sceller le couvercle et porter la pression à son maximum à feu vif. Réduire le feu à moyen-doux, juste pour garder la pression régulière, et cuire 45 minutes. Retirer du feu et vite faire tomber la pression. Placer

la poitrine dans une assiette puis la couvrir et la réfrigérer. Éliminer le plus de gras possible de la sauce puis laisser mijoter et épaissir celle-ci 30 minutes. Réserver.

4. Au moment du repas, placer la poitrine sur un barbecue préchauffé, à feu moyen-doux, et cuire 15 minutes, jusqu'à ce que la viande soit bien fumée et légèrement carbonisée, en la retournant souvent.

5. Couper la pièce de viande en tranches fines (ou en fines lanières). Arroser la poitrine de sauce barbecue et empiler le mélange sur les petits pains. On peut aussi préparer la viande à l'avance et la réchauffer dans la sauce.

Ragoût de bœuf épicé à la bière

POUR 8 À 10 CONVIVES

À la fois sucré et épicé, ce ragoût de bœuf fera, à n'en pas douter, parler de lui. Servez-le avec une bouteille de bon vin ou de la bière et une grosse miche de pain croustillant et vous avez un repas complet.

2	gousses d'ail hachées fin	2
50 ml	de cassonade bien tassée	1/4 de tasse
5 ml	de cumin moulu	1 c. à thé
5 ml	de sel	1 c. à thé
2 ml	de poivre noir fraîchement moulu	1/2 c. à thé
1 ml	de cannelle moulue	1/4 de c. à thé
2,5 kg	de steak de paleron de bœuf désossé, coupé en gros morceaux	5 lb
30 ml	d'huile végétale	2 c. à soupe
2	gros oignons coupés en quartiers	2
1	poivron vert coupé en gros morceaux	1
340 ml	de bière brune	12 oz
2	tomates coupées en dés ou 45 ml (3 c. à soupe) de concentré de tomate	2
5 ml	de flocons de piment rouge séché	1 c. à thé
10	petites pommes de terre nouvelles coupées en deux	10
16	mini-carottes	16
30 ml	de farine tout usage délayée dans 30 ml (2 c. à soupe) d'eau froide (facultatif)	2 c. à soupe

1. Dans un grand bol, mélanger l'ail, 15 ml (1 c. à soupe) de cassonade, le cumin, le sel, le poivre et la cannelle. Ajouter les morceaux de bœuf et les enrober du mélange. Couvrir et mettre au réfrigérateur 1 heure.
2. Dans l'autocuiseur, faire chauffer l'huile à feu moyen-vif. Y faire dorer la viande, quelques morceaux à la fois, puis la remettre dans la marmite.

Ajouter l'oignon et le poivron, et faire revenir 5 minutes. Dans un bol, mélanger la bière, les tomates, le piment rouge et le reste de la cassonade puis verser ce mélange dans la marmite. Ajouter ensuite les légumes.

3. Sceller le couvercle et porter la pression à son maximum à feu vif. Réduire le feu à moyen-doux, juste pour garder la pression régulière, et cuire 35 minutes. Retirer du feu et vite faire tomber la pression.

4. On peut, si on le désire, épaissir le plat avec de la farine délayée dans l'eau. Il faut alors le laisser mijoter 5 minutes de plus.

Côtes de bœuf à la sauce barbecue

Pour 4 convives

Voici la meilleure façon, et la plus rapide aussi, de faire cuire des côtes de bœuf tendres et juteuses, qu'il s'agisse de côtes levées maigres ou de grosses côtes bien en chair. En fait, cuites avec art, ces coupes de viande sont beaucoup plus goûteuses, et moins coûteuses, que des coupes plus tendres comme le steak d'aloyau ou même le filet mignon.

Truc

On peut se servir de la recette de sauce donnée ici pour faire mariner du steak de flanc avant de le cuire sur le barbecue. Si vous ne pouvez trouver de côtes désossées, achetez 2 kg (4 lb) de côtes avec os et désossez-les vous-même ou demandez à votre boucher de le faire pour vous.

1 à 1,5 kg	de petites (ou de grosses) côtes de bœuf désossées	2 à 3 lb
15 ml	d'huile végétale	1 c. à soupe
2	gousses d'ail hachées fin	2
1	oignon émincé	1
50 ml	de cassonade bien tassée	1/4 de tasse
5 ml	de poivre noir fraîchement moulu	1 c. à thé
400 ml	de sauce tomate	14 oz
125 ml	de sauce chili	1/2 tasse
125 ml	de café fort	1/2 tasse
125 ml	de bouillon de bœuf	1/2 tasse
15 ml	de sauce Worcestershire	1 c. à soupe
15 ml	de mélasse	1 c. à soupe
5 ml	de fumée liquide	1 c. à thé
5 ml	de sauce au piment fort	1 c. à thé

1. Dans l'autocuiseur, faire chauffer l'huile à feu moyen-vif. Y faire dorer les côtes, quelques-unes à la fois, 15 minutes environ. Placer les côtes dans un bol et les réserver. Jeter tout excédent de gras.
2. Réduire le feu à moyen. Ajouter l'ail et l'oignon et les faire revenir 3 minutes. Ajouter ensuite la cassonade, le poivre, la sauce tomate, la sauce chili, le café, le bouillon, la sauce Worcestershire, la mélasse, la fumée liquide et la sauce au piment; laisser mijoter le tout 15 minutes, en raclant à mesure tout ce qui s'attache au fond de la marmite. Remettre les côtes dans la marmite avec leur jus de cuisson.
3. Sceller le couvercle et porter la pression à son maximum à feu moyen-

vif. Réduire le feu à moyen-doux, juste pour garder la pression régulière, et cuire 25 minutes. Retirer du feu et vite faire tomber la pression.

4. Laisser mijoter, à découvert, 10 minutes, en arrosant souvent les côtes, jusqu'à ce que la sauce ait épaissi. Servir la viande avec une sauce au raifort, des fèves au lard et des pommes de terre cuites au four.

Steaks de ronde à la louisianaise

Pour 8 convives

On peut remplacer ces tendres et savoureux steaks braisés par du veau. On peut, au goût, faire épaissir la sauce avec un roux léger, puis servir viande et sauce sur de la semoule ou du riz. Pour en garder toute la fraîcheur et la couleur, n'incorporer le persil et les oignons verts hachés qu'à la toute fin de la préparation. Pour relever la viande encore plus, servez-la avec une sauce louisianaise aux piments forts.

2 kg	de steak de ronde de 1 cm (1/2 po) d'épais, sans gras	4 lb
250 g	de bacon doublement fumé	8 oz
	Huile végétale	
3	gousses d'ail hachées fin	3
375 ml	de poivrons verts hachés	1 1/2 tasse
250 ml	d'oignons hachés	1 tasse
175 ml	de céleri haché	3/4 de tasse
500 ml	de tomate hachée	2 tasses
5 ml	de thym séché	1 c. à thé
250 ml	d'eau	1 tasse
250 ml	de vin rouge sec	1 tasse
10 ml	de sel	2 c. à thé
2	feuilles de laurier	2
2 ml	de poivre noir fraîchement moulu	1/2 c. à thé
2 ml	de poivre de Cayenne	1/2 c. à thé
30 ml	de sauce Worcestershire	2 c. à soupe
50 ml	de farine tout usage	1/4 de tasse
50 ml	de beurre ramolli	1/4 de tasse
250 ml	d'oignons verts (ciboules) hachés	1 tasse
30 ml	de persil haché	2 c. à soupe

1. Placer la viande entre deux feuilles de papier ciré et, avec un marteau attendrisseur, la réduire à 5 mm (1/4 de po) d'épaisseur. Couper ensuite la viande en portions.
2. Dans l'autocuiseur, faire cuire le bacon à feu moyen-vif, jusqu'à ce qu'il

soit croquant. Émietter le bacon et le réserver. Saisir et faire rôtir la viande des deux côtés, deux ou trois morceaux à la fois. Ajouter de l'huile au besoin. Placer la viande dans un bol. Réserver.

3. Réduire le feu à moyen. Mettre l'ail, les poivrons, les oignons et le céleri dans la marmite et les faire revenir 5 minutes jusqu'à ce qu'ils aient ramolli. Ajouter les tomates et le thym et cuire 3 minutes de plus. Incorporer l'eau et le vin. Remettre la viande dans la marmite avec le jus de cuisson. Ajouter le sel, le laurier, le poivre noir, le poivre de Cayenne et la sauce Worcestershire.

4. Sceller le couvercle et porter la pression à son maximum à feu vif. Réduire le feu à moyen-doux, juste pour garder la pression régulière, et cuire 15 minutes. Retirer du feu et vite faire tomber la pression. La viande devrait être tendre. Sinon, la remettre à cuire sous haute pression 3 à 4 minutes de plus. Retirer du feu et vite faire tomber la pression.

5. Placer la viande dans un plat de service chaud et couvrir de papier d'aluminium sans serrer. Jeter le laurier. Dans un petit bol, mélanger le beurre et la farine à la fourchette pour en faire une pâte. Incorporer celle-ci à la sauce et laisser mijoter pour faire épaissir, en remuant, 5 minutes. Ajouter les oignons verts hachés. Verser la sauce sur la viande et garnir le plat de bacon et de persil.

Poitrine de bœuf à la mexicaine

Pour 6 à 8 convives

Les piments chipotles sont en fait des piments jalapeños qui ont été rôtis sur le feu et ainsi fumés en profondeur. On peut les acheter en conserve en sauce adobo ou séchés puis mis à tremper dans l'eau.

Les chipotles se vendent dans certaines épiceries spécialisées. Si vous ne pouvez pas en trouver, utilisez 10 ml (2 c. à thé) de pâte de piment asiatique mélangée à quelques gouttes de fumée liquide.

Ce rôti de bœuf épicé est délicieux servi avec du raifort crémeux et de la purée de pommes de terre ou des nouilles aux œufs. On peut aussi le servir haché dans des tortillas.

30 ml	de cassonade bien tassée	2 c. à soupe
2 ml	de cumin moulu	1/2 c. à thé
2	piments chipotles en sauce adobo	2
45 ml	d'huile d'olive	3 c. à soupe
30 ml	de concentré de tomate	2 c. à soupe
1	poitrine de bœuf de 1,5 kg (3 lb), parée	1
1	gros oignon tranché	1
3	gousses d'ail hachées fin	3
400 ml	de tomates mexicaines à l'étuvée en conserve	14 oz
15 ml	de sauce Worcestershire	1 c. à soupe
2 ml	de sel	1/2 c. à thé
1 ml	de poivre noir fraîchement moulu	1/4 de c. à thé

1. Dans un petit bol, écraser ensemble, pour en faire une pâte lisse, la cassonade, le cumin, les piments, 15 ml (1 c. à soupe) de l'huile d'olive et le concentré de tomate. Dans un sac de plastique hermétique ou dans un plat peu profond, enrober la poitrine de cette pâte. Couvrir et laisser reposer à la température ambiante 1 heure ou réfrigérer toute la nuit.
2. Entre-temps, dans l'autocuiseur, faire chauffer l'huile à feu moyen-doux. Y faire revenir l'oignon 10 minutes ou jusqu'à ce qu'il soit doré. Ajouter l'ail et cuire 2 minutes de plus. Incorporer les tomates, la sauce Worcestershire, le sel et le poivre. Laisser mijoter, à découvert, 5 minutes. Mettre la poitrine marinée dans la sauce et l'arroser avec ce qui reste de la marinade.
3. Sceller le couvercle et porter la pression à son maximum à feu vif. Réduire le feu à moyen-doux, juste pour garder la pression régulière, et

cuire 1 heure. Retirer du feu et laisser la pression tomber d'elle-même, pendant 10 minutes environ, puis vite faire tomber ce qui reste de pression.
4. Placer la poitrine dans une assiette de service préchauffée et la couvrir de papier d'aluminium sans serrer pour la garder chaude. Amener la sauce à ébullition puis réduire le feu et laisser mijoter 10 minutes environ pour l'épaissir. Couper la poitrine en tranches fines (ou en fines lanières) et la servir avec la sauce.

Boulettes de viande suédoises

POUR 4 CONVIVES

Ce plat a toujours beaucoup de succès autant auprès des grands que des petits. Servir la sauce veloutée sur un lit de grosses nouilles aux œufs.

1	tranche de pain de blé entier	1
125 ml	de lait	1/2 tasse
500 g	de bœuf haché très maigre	1 lb
250 g	de porc haché	8 oz
1	œuf	1
1	petit oignon haché	1
5 ml	d'aneth séché	1 c. à thé
2 ml	de sel	1/2 c. à thé
50 ml	de beurre	1/4 de tasse
50 ml	de farine tout-usage	1/4 de tasse
280 ml	de bouillon de bœuf, dilué dans autant d'eau	10 oz
125 ml	de crème à fouetter	1/2 tasse
	Sel et poivre noir fraîchement moulu, au goût	
	Nouilles aux œufs cuites	
30 ml	d'aneth frais haché	2 c. à soupe

1. Dans un grand bol, faire tremper le pain dans le lait puis le défaire avec les doigts et le mélanger avec le bœuf et le porc. Ajouter ensuite l'œuf, l'oignon, l'aneth séché et le sel. Façonner des boulettes de 2 cm (3/4 de po) de diamètre. Réserver.
2. Dans l'autocuiseur, faire fondre le beurre à feu moyen-vif puis y incorporer la farine. Ajouter petit à petit le bouillon et l'eau. Amener à ébullition puis déposer les boulettes dans le liquide.
3. Sceller le couvercle et porter la pression à son maximum à feu moyen-vif. Réduire le feu à moyen-doux, juste pour garder la pression régulière, et cuire 10 minutes. Retirer du feu et vite faire tomber la

pression. Incorporer la crème et laisser mijoter jusqu'à ce que la sauce soit épaisse et crémeuse. Assaisonner. Servir les boulettes sur les nouilles. Garnir le plat d'aneth frais.

Osso buco

Pour 4 convives

Ce grand classique de la gastronomie italienne se prépare avec des jarrets de veau (ou d'agneau). Demandez à votre boucher de couper la viande en morceaux de 4 cm (1 1/2 po). Servez l'osso buco avec un Risotto au safran *(p. 183)* ou sur une Polenta *(p. 151)* crémeuse parfumée au parmesan. Un bon vin rouge corsé accompagne à merveille ce repas.

50 ml	de farine tout usage	1/4 de tasse
2 ml	de sel	1/2 c. à thé
1 ml	de poivre noir fraîchement moulu	1/4 de c. à thé
4	jarrets de veau coupés en morceaux de 4 cm (1 1/2 po) d'épais	4
8	tranches fines de pancetta ou de bacon fumé	8
30 ml	d'huile d'olive	2 c. à soupe

SAUCE :

2	branches de céleri émincées	2
2	gousses d'ail hachées fin	2
1	carotte râpée	1
1	oignon émincé	1
1	champignon portobello coupé en lanières	1
5 ml	de thym séché	1 c. à thé
1	feuille de laurier	1
5 ml	de romarin frais ou séché, haché	1 c. à thé
1	bulbe de fenouil haché fin (ou 1 pincée de graines de fenouil)	1
250 ml	de vin rouge sec	1 tasse
250 ml	de sauce tomate	1 tasse
	Sel et poivre noir fraîchement moulu, au goût	

***GREMOLATA* (GARNITURE) :**

50 ml	de persil plat haché	1/4 de tasse
2	gousses d'ail hachées fin	2
1 ml	de sel	1/4 de c. à thé
10 ml	de zeste de citron râpé	2 c. à thé

1. Dans un sac de plastique ou un bol, mélanger la farine, le sel et le poivre. Bien enrober la viande de ce mélange puis enrouler chaque morceau de jarret dans une tranche de pancetta (la fixer avec un cure-dent). Jeter le surplus de farine. Dans l'autocuiseur, faire chauffer l'huile à feu moyen-vif. Ajouter le veau, quelques morceaux à la fois, et le faire rôtir. Placer la viande à mesure dans une assiette. Réserver.

2. Mettre le céleri, l'ail, la carotte, l'oignon et le champignon dans la marmite et les faire revenir 2 minutes. Ajouter le thym, le laurier, le romarin, le fenouil, le vin et la sauce tomate, en raclant tout ce qui s'est attaché au fond de la marmite. Placer délicatement la viande dans la sauce en y mettant aussi le jus de cuisson.

3. Sceller le couvercle et porter la pression à son maximum à feu vif. Réduire le feu à moyen-doux, juste pour garder la pression régulière, et cuire 15 minutes. Retirer du feu et vite faire tomber la pression. Placer la viande dans un plat de service chaud et le couvrir de papier d'aluminium sans serrer. Jeter le laurier. On peut, si on le désire, laisser mijoter la sauce, à découvert, pour l'épaissir. Assaisonner la sauce au goût puis en napper la viande.

4. ***Gremolata*** : Dans un petit bol, mélanger le persil, l'ail, le sel et le zeste de citron. Garnir le plat de ce mélange et le servir aussitôt avec le risotto ou la polenta.

Côtelettes de porc au chou rouge et aux pommes

Pour 4 convives

Le goût du chou rouge et des pommes se marie parfaitement bien à celui des côtelettes et, si vous le faites réduire, le liquide de cuisson donne une sauce parfaite pour arroser ce plat à la fois coloré et délicieux.

30 ml	d'huile d'olive	2 c. à soupe
4	côtelettes de porc de 2,5 cm (1 po) d'épais, sans le gras	4
45 ml	de beurre	3 c. à soupe
1	oignon rouge coupé en lanières	1
500 g	de chou rouge râpé	1 lb
125 ml	de bouillon de poulet	1/2 tasse
125 ml	de vin blanc sec	1/2 tasse
1	feuille de laurier	1
2 ml	de sel	1/2 c. à thé
1 pincée	de poivre noir fraîchement moulu	1 pincée
2	pommes vertes dures (Granny Smith) parées et coupées en quartiers	2

1. Dans l'autocuiseur, faire chauffer l'huile à feu moyen-vif. Y mettre les côtelettes et les faire dorer 2 minutes de chaque côté. Placer la viande dans une assiette et la réserver.
2. Faire fondre le beurre dans l'autocuiseur puis y faire revenir l'oignon rouge 5 minutes. Ajouter le chou rouge et l'enrober de beurre. Ajouter le bouillon, le vin, le laurier, le sel, le poivre et les pommes. Placer les côtelettes sur les pommes.
3. Sceller le couvercle et porter la pression à son maximum à feu moyen-vif. Réduire le feu à moyen-doux, juste pour garder la pression régulière, et cuire 14 minutes. Retirer du feu et vite faire tomber la pression. Jeter le laurier.

4. À l'aide d'une cuiller à égoutter, placer le chou puis les côtelettes dans un plat de service. Amener le liquide de cuisson à ébullition à feu vif puis le faire réduire. Verser la sauce sur la viande et poivrer au goût.

Tortillas au porc, aux tomates vertes et aux piments

Pour 6 convives

Voici un plat typiquement mexicain à base de tomatillos verts (à goût très acide), un légume qui ressemble à une petite tomate verte contenue dans une enveloppe. On peut remplacer les tomatillos par de petites tomates vertes d'automne ou même des tomates ordinaires à condition d'ajouter 15 ml (1 c. à soupe) de jus de citron à ces dernières.

Les piments ancho ou pasilla sont assez piquants ; à défaut d'en trouver, on peut les remplacer par des piments hongrois ou des piments bananes.

30 ml	d'huile d'olive	2 c. à soupe
750 g	d'épaule de porc sans gras et coupée en gros morceaux	1 1/2 lb
4	gousses d'ail hachées fin	4
5 ml	de sel	1 c. à thé
1	gros oignon haché	1
250 ml	de tomates vertes (ou de tomatillos) fraîches ou en conserve, hachées	1 tasse
250 ml	de tomates mûres hachées	1 tasse
250 ml	de bière brune	1 tasse
125 ml	de jus d'orange	1/2 tasse
1	piment jalapeño épépiné et haché	1
2	piments séchés ancho ou pasilla, épépinés et broyés	2
5 ml	de cumin moulu	1 c. à thé
30 ml	de farine tout usage délayée dans 2 c. à soupe (30 ml) d'eau froide	2 c. à soupe
125 ml	de coriandre fraîche hachée	1/2 tasse
375 ml	de grains de maïs surgelés, décongelés	1 1/2 tasse
12	grosses tortillas au blé entier ou du riz brun cuit, chaud	12
	Avocat tranché, cheddar râpé et crème sure pour garnir	

1. Dans l'autocuiseur, faire chauffer l'huile à feu moyen-vif. Y faire dorer le porc, quelques morceaux à la fois. Placer la viande dans un bol et réserver.
2. Réduire le feu à moyen. Faire revenir un peu l'ail, saler puis ajouter les oignons et les faire revenir 10 minutes, jusqu'à ce qu'ils commencent à se colorer. Remettre le porc dans la marmite puis ajouter les tomates vertes, les tomates mûres, la bière, le jus d'orange, les piments et le cumin.
3. Sceller le couvercle et porter la pression à son maximum à feu vif. Réduire le feu à moyen-doux, juste pour garder la pression régulière, et cuire 20 minutes. Retirer du feu et vite faire tomber la pression.
4. Incorporer la farine préparée puis faire cuire et épaissir, en remuant, 5 minutes. Ajouter le maïs et cuire 2 minutes de plus. Incorporer la coriandre. Remplir les tortillas de ce mélange puis les garnir ou servir la viande sur un lit de riz brun.

Épaule de porc style Kansas City

Pour 6 à 8 convives

On faisait autrefois cuire la viande de ce plat typiquement américain dans un fumoir de longues heures durant après quoi on la râpait et la servait sur des petits pains avec de la salade de chou cru.

La variante proposée ici diffère un peu de la recette originale mais ne vous en donnera pas moins une viande savoureuse à servir sur du pain ou dans un sandwich. N'utilisez que de la moutarde préparée pour cette recette (la moutarde de Dijon n'est pas assez sucrée).

	Clayette ou grille ajustable au fond de la marmite	
1	rôti d'épaule de porc désossé et ficelé (1 kg / 2 lb)	1
15 ml	de fumée liquide	1 c. à soupe
50 ml	de moutarde préparée	1/4 de tasse

ENROBAGE SEC :

30 ml	de sucre	2 c. à soupe
30 ml	de paprika	2 c. à soupe
15 ml	de cassonade bien tassée	1 c. à soupe
15 ml	de cumin moulu	1 c. à soupe
15 ml	de poudre de piment rouge	1 c. à soupe
15 ml	de poivre noir fraîchement moulu	1 c. à soupe
5 ml	de sel	1 c. à thé
5 ml	de poivre de Cayenne	1 c. à thé
1 ml	de gingembre moulu	1/4 de c. à thé
1 ml	de piment de la Jamaïque moulu	1/4 de c. à thé
1 ml	de clou de girofle moulu	1/4 de c. à thé

SAUCE :

45 ml	de cassonade bien tassée	3 c. à soupe
2 ml	de sel	1/2 c. à thé
250 ml	d'eau	1 tasse
125 ml	de bière	1/2 tasse
50 ml	de concentré de tomate	1/4 de tasse

VIANDES

30 ml	de vinaigre	2 c. à soupe
5 ml	de fumée liquide	1 c. à thé

GARNITURE :

8	petits pains de blé entier croustillants	8
	Salade de chou cru	

Truc
Au lieu de faire cuire la sauce pour l'épaissir, incorporez-lui 15 ml (1 c. à soupe) de fécule de maïs délayée dans 15 ml (1 c. à soupe) d'eau froide puis laissez mijoter le tout 3 minutes.

1. Mouiller le rôti avec 15 ml (1 c. à soupe) de fumée liquide puis l'en brosser complètement même là où il est ficelé. Laisser reposer 10 minutes puis badigeonner la viande de moutarde.

2. **Enrobage sec :** Dans un petit bol, mélanger les ingrédients de l'enrobage sec. Saupoudrer généreusement toutes les surfaces du rôti avec ce mélange. Laisser reposer à la température ambiante jusqu'à ce que les épices prennent ensemble, 10 minutes environ. (À la cuisson, le mélange formera une croûte sur la viande.)

3. Dans l'autocuiseur, battre ensemble la cassonade, le sel, l'eau, la bière, le concentré de tomate, le vinaigre et la fumée liquide. Mettre la grille dans l'autocuiseur et placer le rôti par-dessus.

4. Sceller le couvercle et porter la pression à son maximum à feu vif. Réduire le feu à moyen-doux, juste pour garder la pression régulière, et cuire 1 1/2 heure. Retirer du feu et laisser la pression tomber d'elle-même. La température intérieure du rôti devrait être de 75 °C (170 °F) et la viande devrait être assez tendre pour être facilement déchiquetée. Sinon, la remettre à cuire à l'autocuiseur 5 à 10 minutes de plus.

5. Placer le rôti dans un bol et le laisser refroidir un peu. À l'aide de deux fourchettes, déchiqueter la viande. Éliminer le gras. Amener le liquide de cuisson à ébullition puis réduire le feu. Laisser mijoter et faire épaissir la sauce. Bien mélanger une partie de la sauce et la viande préparée. Empiler la viande sur les petits pains puis les garnir de salade de chou. Servir le reste de la sauce dans une saucière.

Goulasch de porc aux bolets

Pour 6 convives

Servez ce plat de goulasch avec beaucoup de nouilles aux œufs qui en absorberont la riche et délicieuse sauce. Pour corser un peu ce mets, utilisez des pâtes au poivre noir.

1 kg	d'épaule de porc (rôti ou tranches) désossée, parée et coupée en dés	2 lb
15 ml	d'huile d'olive	1 c. à soupe
1	gros oignon haché	1
2	gousses d'ail hachées fin	2
1	poivron rouge ou jaune épépiné et tranché	1
280 ml	de bouillon de poulet, non dilué	10 oz
175 ml	de vin blanc sec	3/4 de tasse
30 g	de bolets séchés	1 oz
1	tomate épépinée et hachée	1
5 ml	de paprika espagnol doux	1 c. à thé
6	grosses olives vertes (farcies à l'ail) tranchées	6
45 ml	de farine tout usage	3 c. à soupe
50 ml	de crème sure	1/4 de tasse
500 g	de grosses nouilles aux œufs	1 lb
	Persil haché	

1. Dans l'autocuiseur, faire chauffer l'huile à feu moyen-vif. Y faire dorer le porc, quelques morceaux à la fois. Placer la viande à mesure dans un bol. Réserver.
2. Réduire le feu à moyen. Mettre l'oignon dans l'autocuiseur et le faire dorer. Ajouter l'ail et le poivron et les faire sauter 2 minutes. Incorporer ensuite le bouillon, le vin, les champignons, la tomate, le paprika, le porc et le jus de cuisson.
3. Sceller le couvercle et porter la pression à son maximum à feu vif. Réduire le feu à moyen-doux, juste pour garder la pression régulière,

et cuire 12 minutes. Retirer du feu et vite faire tomber la pression. Incorporer les olives.
4. Dans un petit bol, bien mélanger la farine et la crème sure puis les incorporer au ragoût. Faire mijoter et épaissir le tout, en remuant, 5 minutes environ. Entre temps, faire cuire les nouilles presque complètement dans beaucoup d'eau salée. Les égoutter et ajouter à la viande. Laisser mijoter le tout 10 minutes ou jusqu'à ce que les nouilles soient tendres. Placer la goulasch dans un plat de service profond et la garnir de persil.

Porc et aubergine à la saïgonaise

Pour 6 convives

Dans cette recette d'inspiration asiatique, l'aubergine donne, en cuisant, une sauce épaisse et crémeuse. Pour un plat plus épicé encore, ajoutez un autre piment jalapeño (ou un piment brûlant) et servez le tout sur un lit de riz basmati ou de riz parfumé au jasmin.

Truc
Si vous manquez de temps, au lieu de faire mijoter la sauce pour l'épaissir, incorporez 15 ml (1 c. à soupe) de fécule de maïs délayée dans 5 ml (1 c. à thé) d'eau dans le mélange. Faites alors cuire, en remuant le tout, 3 minutes, jusqu'à la consistance désirée.

1 kg	de côtelettes ou de tranches de porc désossées	2 lb
15 ml	d'huile végétale ou d'arachides	1 c. à soupe
4	gousses d'ail hachées fin	4
1	oignon haché	1
1	aubergine coupée en dés	1
1	poivron jalapeño épépiné et haché	1
1	grosse carotte coupée en dés	1
250 ml	de pommes de terre rouges coupées en cubes	1 tasse
15 ml	de sucre	1 c. à soupe
15 ml	de gingembre frais haché	1 c. à soupe
5 ml	de curry	1 c. à thé
1	anis étoilé (badiane) ou 2 ml (1/2 c. à thé) d'anis	1
250 ml	d'eau ou de bouillon de poulet	1 tasse
125 ml	de tomate hachée (fraîche ou en conserve)	1/2 tasse
50 ml	de sauce de poisson (*nuoc mam* ou *nam pla*)	1/4 de tasse
1 botte	d'oignons verts (ciboules) coupés en morceaux de 5 cm (2 po)	1
50 ml	de coriandre hachée	1/4 de tasse

1. Couper la viande en grosses lanières. Dans l'autocuiseur, faire chauffer l'huile à feu moyen-vif. Y faire cuire le porc, en petites quantités pendant 10 minutes ou jusqu'à ce qu'il soit doré. Remettre la viande dans la marmite. Ajouter l'ail et l'oignon et les faire cuire, en remuant,

5 minutes. Incorporer l'aubergine, le piment, la carotte, les pommes de terre, le sucre, le gingembre, le curry, l'anis, l'eau, la tomate et la sauce de poisson.

2. Sceller le couvercle et porter la pression à son maximum à feu vif. Réduire le feu à moyen-doux, juste pour garder la pression régulière, et cuire 18 minutes. Retirer du feu et vite faire tomber la pression.
3. Laisser mijoter, à découvert, de 5 à 10 minutes, jusqu'à ce que la sauce soit épaisse. Jeter la badiane. Incorporer les oignons verts et la coriandre et servir aussitôt sur un lit de riz.

Rôti de porc au calvados et aux fruits

Pour 4 à 6 convives

Dans cette recette, les fruits frais et les fruits séchés se marient à merveille avec le bouillon pour donner une sauce épaisse et fruitée parfaite sur les tranches juteuses de porc. Servez ce plat avec une purée de pommes de terre bien crémeuse et un légume vert cuit à la vapeur.

Évitez de faire cette recette dans un vieux modèle d'autocuiseur (à cause de la rhubarbe et des canneberges).

30 ml	de farine tout usage	2 c. à soupe
2 ml	de sel	1/2 c. à thé
1 ml	de poivre noir fraîchement moulu	1/4 de c. à thé
1,5 kg	de rôti de longe de porc désossé	3 lb
30 ml	d'huile d'olive	2 c. à soupe
375 ml	de bouillon de poulet	1 1/2 tasse
50 ml	de calvados ou de cognac	1/4 de tasse
1	oignon haché	1
125 ml	de rhubarbe hachée	1/2 tasse
75 ml	d'abricots séchés hachés	1/3 de tasse
75 ml	de pruneaux hachés	1/3 de tasse
75 ml	de canneberges ou de groseilles rouges séchées	1/3 de tasse
2 ml	de thym séché	1/2 c. à thé
2 ml	de marjolaine séchée	1/2 c. à thé
5 ml	de sauce Worcestershire	1 c. à thé
Sel et poivre noir fraîchement moulu, au goût		

1. Dans un plat peu profond, mélanger la farine, le sel et le poivre. Rouler le rôti dans la farine de tous les côtés. Jeter le reste de farine.
2. Dans l'autocuiseur, faire chauffer l'huile à feu moyen-vif. Y faire revenir et bien dorer la pièce de porc de tous les côtés. Incorporer le bouillon, le calvados, l'oignon, les fruits, le thym, la marjolaine et la sauce Worcestershire.
3. Sceller le couvercle et porter la pression à son maximum à feu vif. Réduire le feu à moyen-doux, juste pour garder la pression régulière,

et cuire 40 minutes. Retirer du feu et vite faire tomber la pression. S'assurer qu'il ne reste plus qu'un peu de rose au centre du rôti. Si celui-ci n'est pas à point, le remettre à cuire sous haute pression 3 à 5 minutes de plus. Retirer du feu et vite faire tomber la pression.

4. Placer le rôti dans une assiette préchauffée. Couvrir de papier d'aluminium sans serrer et laisser reposer 10 minutes. Entre-temps, laisser mijoter et réduire un peu la sauce, à découvert, en remuant pour écraser les fruits. Assaisonner au goût. Trancher le porc et le servir garni de sauce aux fruits.

Agneau à l'indienne

Pour 4 à 6 convives

Voici une recette classique de curry à servir lors d'une fête. Servez-vous d'agneau maigre (ou même de bœuf) et faites mariner la viande toute la nuit pour la rendre plus savoureuse. Le Riz pilau accompagne à merveille cette viande épicée et tendre (voir recette p. 188).

1 kg	d'épaule d'agneau maigre, parée et coupée en gros morceaux	2 lb
125 ml	de yogourt (yaourt)	1/2 tasse
4	graines de cardamome vertes	4
1	petit bâton de cannelle ou 2 ml (1/2 c. à thé) de cannelle moulue	1
10 ml	de paprika	2 c. à thé
5 ml	de curcuma moulu	1 c. à thé
5 ml	de coriandre moulue	1 c. à thé
5 ml	de cumin moulu	1 c. à thé
2 ml	de poivre de Cayenne	1/2 c. à thé
10 ml	de garam masala	2 c. à thé
500 ml	de tomates en conserve	2 tasses
2	gousses d'ail pelées	2
1	gros oignon haché	1
1	morceau de racine de gingembre de 5 cm (2 po)	1
45 ml	d'huile végétale	3 c. à soupe
250 ml	d'eau	1 tasse
30 ml	de coriandre fraîche hachée	2 c. à soupe
	Brins de coriandre pour garnir	

1. Dans un bol ou un sac de plastique hermétique, enrober la viande de yogourt. Dans un mélangeur ou un moulin à épices, réduire les graines de cardamome et la cannelle en poudre. Les mélanger avec le paprika, le curcuma, la coriandre moulue, le cumin et le poivre de Cayenne puis

VIANDES

en saupoudrer la viande. Couvrir et réfrigérer toute la nuit.

2. Dans le robot culinaire, mélanger le garam masala, les tomates, l'ail, l'oignon et le gingembre puis les réduire en purée.

3. Dans l'autocuiseur, faire chauffer l'huile à feu moyen. Ajouter le mélange précédent et cuire 5 minutes. Incorporer l'agneau et la marinade. Verser l'eau.

4. Sceller le couvercle et porter la pression à son maximum à feu moyen-vif. Réduire le feu à moyen-doux, juste pour garder la pression régulière, et cuire 20 minutes. Retirer du feu et vite faire tomber la pression. L'agneau devrait être tendre. Sinon, le remettre à cuire 5 minutes puis vite faire tomber la pression.

5. Enlever le couvercle et amener à ébullition. Réduire la chaleur et laisser mijoter le curry jusqu'à ce qu'il soit épais. Incorporer la coriandre hachée juste avant de servir. Garnir de brins de coriandre.

Ragoût d'agneau à l'espagnole

POUR 4 CONVIVES

Voici une bonne façon de préparer une pièce de viande économique. Commencez à préparer ce plat un jour d'avance de manière à ce que la viande ait le temps de bien mariner.

1,5 kg	d'épaule d'agneau coupée en cubes de 5 cm (2 po)	3 lb
250 ml	de vin rouge sec et fruité (Rioja ou autre)	1 tasse
5	gousses d'ail hachées fin	5
	Les feuilles hachées d'un brin de romarin	
50 ml	de farine tout usage	1/4 de tasse
2 ml	de sel	1/2 c. à thé
1 ml	de poivre noir fraîchement moulu	1/4 de c. à thé
45 ml	d'huile d'olive	3 c. à soupe
1	gros oignon haché	1
15 ml	de paprika espagnol ou hongrois doux	1 c. à soupe
1	feuille de laurier	1
400 ml	de tomates italiennes en conserve, hachées	14 oz
125 ml	de bouillon de bœuf ou de poulet	1/2 tasse
125 ml	de poivron rouge rôti, haché	1/2 tasse

1. Dans un sac de plastique hermétique, bien mélanger l'agneau, 125 ml (1/2 tasse) de vin, 3 gousses d'ail et le romarin. Réfrigérer toute la nuit.
2. Égoutter l'agneau, en réservant la marinade. Éponger bien la viande avec du papier absorbant puis, dans un grand bol, la mélanger d'abord avec le sel et le poivre puis avec la farine, en en jetant ensuite le surplus. Dans l'autocuiseur, faire chauffer l'huile à feu moyen-vif. Y mettre l'agneau, quelques cubes à la fois, et le faire dorer de tous les côtés.
3. Remettre la viande dans la marmite et faire cuire le reste de l'ail, l'oignon et le paprika. Faire cuire en remuant, 5 minutes. Ajouter le reste du vin, le laurier, les tomates, le bouillon et la marinade réservée.

4. Sceller le couvercle et porter la pression à son maximum à feu vif. Réduire le feu à moyen-doux, juste pour garder la pression régulière, et cuire 20 minutes. Retirer du feu et vite faire tomber la pression. Jeter le laurier. On peut, si on le désire, laisser mijoter la sauce, à découvert, pour l'épaissir. Incorporer le poivron rôti à la toute fin de la cuisson.

Curry d'agneau aux lentilles

Pour 4 convives

Voici un curry doux, de style asiatique, parfumé au lait de coco et auquel les lentilles rouges donnent du corps. Servez-le avec beaucoup de riz basmati et un plat de carottes ou de chou-fleur cuits à la vapeur.

1 kg	d'épaule d'agneau désossée et sans gras, coupée en morceaux de 5 cm (2 po)	2 lb
15 ml	d'huile végétale	1 c. à soupe
250 ml	d'oignons hachés	1 tasse
2	gousses d'ail broyées	2
10 ml	de gingembre frais, haché	2 c. à thé
10 ml	de curry	2 c. à thé
5 ml	de sel	1 c. à thé
1 ml	de cumin moulu	1/4 de c. à thé
1 ml	de clou de girofle moulu	1/4 de c. à thé
1 ml	de cardamome moulue	1/4 de c. à thé
1 ml	de poivre noir fraîchement moulu	1/4 de c. à thé
125 ml	de tomate coupée en dés	1/2 tasse
50 ml	de lentilles rouges sèches	1/4 de tasse
250 ml	de lait de coco non sucré	1 tasse
125 ml	de bouillon de bœuf	1/2 tasse
15 ml	de jus de citron	1 c. à soupe
50 ml	de coriandre hachée (ou de persil)	1/4 de tasse
1 litre	de riz basmati cuit, chaud	4 tasses

1. Dans l'autocuiseur, faire chauffer l'huile à feu moyen-vif. Y faire dorer l'agneau, quelques cubes à la fois. Placer la viande à mesure dans un bol. Réserver.
2. Réduire le feu à moyen. Faire revenir l'oignon, l'ail, le sel et les épices (gingembre, curry, cumin, girofle, cardamome et poivre). Ajouter la tomate et cuire 1 minute de plus. Incorporer les lentilles, le lait de coco,

le bouillon de bœuf, le jus de citron, l'agneau et le jus de cuisson.
3. Sceller le couvercle et porter la pression à son maximum à feu vif. Réduire le feu à moyen-doux, juste pour garder la pression régulière, et cuire 15 minutes. Retirer du feu et vite faire tomber la pression. Ajouter la coriandre et servir sur un lit de riz.

Épaule d'agneau braisée à la grecque

POUR 4 CONVIVES

Pour vous assurer que l'agneau est parfaitement mariné, commencez à préparer cette recette la veille. Servez cette viande avec des pommes de terre nouvelles bouillies ou rôties et un légume vert comme des haricots (ou du brocoli) cuits à la vapeur et arrosés d'une vinaigrette de jus de citron et d'huile d'olive. Vous pouvez aussi servir cet agneau fondant avec des haricots verts et un Risotto à l'ail rôti et au fromage *(voir recette, p. 186).*

1,75 à 2 kg	de rôti d'épaule d'agneau	3 1/2 à 4 lb
	Le zeste et le jus d'1 gros citron	
3	gousses d'ail hachées fin	3
5 ml	d'origan séché	1 c. à thé
2 ml	de poivre noir fraîchement moulu	1/2 c. à thé
50 ml	de moutarde de Dijon	1/4 de tasse
250 ml	d'oignons hachés	1 tasse
3	feuilles de laurier	3
2	gousses d'ail entières	2
15 ml	de romarin séché	1 c. à soupe
5 ml	de graines de moutarde	1 c. à thé
250 ml	d'eau	1 tasse

1. Éliminer le gras et les tendons de la pièce de viande puis la couper en grosses portions. Dans un grand bol ou un sac en plastique hermétique, mélanger le zeste et le jus de citron, l'ail haché, l'origan, le poivre et la moutarde. Enrober la pièce d'agneau de ce mélange. Couvrir et réfrigérer toute la nuit.
2. Dans l'autocuiseur, mélanger les oignons, le laurier, l'ail entier, le romarin et les graines de moutarde. Ajouter l'agneau et la marinade. Verser l'eau.
3. Sceller le couvercle et porter la pression à son maximum à feu vif. Réduire le feu à moyen-doux, juste pour garder la pression régulière, et cuire 18 minutes. Retirer du feu et vite faire tomber la pression. L'agneau devrait être très tendre. Sinon, le remettre à cuire sous pleine

pression de 2 à 3 minutes. Retirer du feu et vite faire tomber la pression.
4. Placer l'agneau dans une grande assiette chaude, l'entourer des pommes de terre et du légume choisi. Servir aussitôt.

Poissons et fruits de mer

131

Saumon au vin rouge à la vapeur

Pour 4 convives

Même si on gagne peu de temps en le préparant à l'autocuiseur, on n'en obtient pas moins un poisson cuit à la perfection et qui fond littéralement dans la bouche. Toutefois, vérifiez soigneusement le temps de cuisson afin d'éviter de trop faire cuire le poisson. Si votre autocuiseur est muni d'une sauteuse, utilisez-la de manière à réduire le temps que l'autocuiseur met à atteindre sa pleine pression.

4	filets ou darnes de saumon (1 kg / 2 lb)	4
1	petit oignon tranché	1
125 ml	de vin blanc sec	1/2 tasse
125 ml	de fumet de poisson, de jus de palourdes ou d'eau	1/2 tasse
2	brins de thym	2
2	brins de persil	2
	Sel au goût	

GLAÇAGE :

15 ml	de cassonade	1 c. à soupe
125 ml	de jus d'orange	1/2 tasse
125 ml	de vin rouge sec	1/2 tasse
15 ml	de concentré de tomate	1 c. à soupe
15 ml	de beurre	1 c. à soupe

1. Dans l'autocuiseur, mélanger l'oignon, le vin, le fumet et les herbes. Amener à ébullition. Disposer le poisson sur un seul rang dans la marmite.
2. Sceller le couvercle et porter la pression à son maximum à feu vif. Réduire le feu à moyen-doux, juste pour garder la pression régulière, et cuire 3 minutes. Retirer du feu et vite faire tomber la pression. La chair du poisson devrait facilement se défaire sous la fourchette. Sinon, le remettre à cuire sous pleine pression 1 à 2 minutes de plus. Retirer du feu et vite faire tomber la pression.
3. Glaçage : Entre-temps, dans une petite poêle, mélanger la cassonade,

le jus d'orange, le vin et le concentré de tomate. Amener à ébullition à feu vif. Réduire le mélange à 75 ml (1/3 de tasse). Incorporer le beurre et garder chaud.

4. Disposer le poisson sur les assiettes. Assaisonner au goût et napper le poisson du glaçage au vin.

Loup de mer braisé à la provençale

Pour 4 convives

Ce plat sera beaucoup plus goûteux si vous faites préalablement rôtir le poisson et les légumes.

4	morceaux de loup de mer de 3 cm (1 1/2 po) d'épais	4
15 ml	de farine tout usage	1 c. à soupe
45 ml	d'huile d'olive extravierge	3 c. à soupe
2	blancs de poireaux, coupés en deux et tranchés	2
3	gousses d'ail	3
2	carottes finement tranchées	2
1	bulbe de fenouil paré et coupé en quartiers	1
250 ml	de petits champignons blancs coupés en deux	1 tasse
1/2	poivron rouge ou jaune coupé en dés	1/2
1	grosse tomate italienne épépinée et hachée	1
2 ml	de thym séché	1/2 c. à thé
2 ml	d'origan séché	1/2 c. à thé
2 ml	de sel	1/2 c. à thé
2 ml	de poivre noir fraîchement moulu	1/2 c. à thé
50 ml	de bouillon de poulet	1/4 de tasse
50 ml	de vin blanc	1/4 de tasse
30 ml	de persil plat haché	2 c. à soupe
5 à 10 ml	de fécule de maïs délayée dans 5 ml (1 c. à thé) d'eau (facultatif)	1 à 2 c. à thé

1. Enlever la peau du poisson, si désiré. Saupoudrer de farine un seul côté de chaque morceau. Dans l'autocuiseur, chauffer l'huile à feu vif jusqu'à ce qu'elle commence à fumer. Faire dorer le poisson, seulement du côté enfariné, quelques morceaux à la fois, pendant 1 minute. Placer les

morceaux à mesure dans une assiette. Réserver.

2. Réduire le feu à moyen. Ajouter les poireaux, l'ail, la carotte, le fenouil et les champignons. Les faire revenir et caraméliser un peu, en remuant, 5 minutes. Ajouter ensuite le poivron et cuire 1 minute. Incorporer la tomate, le thym, l'origan, le sel et le poivre. Cuire 30 secondes. Placer le poisson sur les légumes, le côté rôti dessus. Incorporer le bouillon de poulet et le vin.

3. Sceller le couvercle et porter la pression à son maximum à feu vif. Réduire le feu à moyen-doux, juste pour garder la pression régulière, et cuire 3 à 4 minutes (selon l'épaisseur des morceaux). Retirer du feu et vite faire tomber la pression. La chair du poisson devrait facilement se défaire sous la fourchette. Sinon, le remettre à cuire sous pleine pression 1 à 2 minutes de plus. Retirer du feu et vite faire tomber la pression.

4. Disposer le poisson dans une assiette et le couvrir de papier d'aluminium sans serrer pour le garder chaud. On peut, si désiré, incorporer dans la sauce de la fécule de maïs délayée dans un peu d'eau froide. Amener à ébullition puis réduire le feu et faire mijoter la sauce pour la faire épaissir un peu. Napper chaque morceau de poisson de sauce et de légumes. Garnir le plat de persil.

Ragoût de morue (cabillaud) et de moules aux tomates et aux olives vertes

Pour 4 convives

L'autocuiseur libère et marie instantanément toutes les saveurs de ce ragoût de poisson et de fruits de mer d'inspiration méditerranéenne. Servir ce ragoût parfumé sur de la polenta ou avec une baguette de pain.

Truc

Avant la cuisson, examinez les moules et jetez celles qui ne se referment pas quand vous les frappez. Après la cuisson, jetez celles qui ne se sont pas ouvertes.

50 ml	d'huile d'olive extravierge	1/4 de tasse
1	oignon finement haché	1
2	gousses d'ail hachées fin	2
5 ml	de paprika doux espagnol	1 c. à thé
1 ml	de poivre de Cayenne	1/4 de c. à thé
1 ml	de filaments de safran broyés	1/4 de c. à thé
125 ml	de vin blanc sec	1/2 tasse
400 ml	de tomates italiennes en conserve, hachées	14 oz
50 g	de prosciutto tranché en fines lanières	2 oz
125 ml	d'olives vertes tranchées	1/2 tasse
1 kg	de morue (ou de loup de mer, ou d'angelot) coupée en cubes de 5 cm (2 po)	2 lb
1 kg	de moules grattées et ébarbées	2 lb
1 ml	de sel	1/4 de c. à thé
1 ml	de poivre noir fraîchement moulu	1/4 de c. à thé

1. Dans l'autocuiseur, faire chauffer l'huile à feu moyen. Y mettre l'oignon et le faire revenir jusqu'à ce qu'il soit tendre. Incorporer l'ail, le paprika et le poivre de Cayenne et les faire revenir 1 minute. Ajouter le safran, le vin, les tomates, le prosciutto et les olives. Ajouter le poisson.
2. Sceller le couvercle et porter la pression à son maximum. Réduire le feu à doux, juste pour garder la pression régulière, et cuire 3 minutes. Retirer du feu et vite faire tomber la pression.
3. Mettre les moules dans l'autocuiseur. Couvrir celui-ci mais sans visser

le couvercle. Amener à ébullition puis retirer du feu. Laisser le couvercle 5 minutes ou jusqu'à ce que les moules s'ouvrent. Assaisonner au goût.
4. Servir ce ragoût dans des assiettes à soupe sur de la polenta ou avec beaucoup de pain de façon à en récupérer tout le délicieux jus.

Ragoût de fruits de mer au curry

Pour 4 à 6 convives

Vous rêvez d'exotisme, de dépaysement ? Voici une recette de bouillabaisse aux parfums... asiatiques. C'est un plat riche et crémeux à servir dans des bols peu profonds sur un lit de riz basmati ou au jasmin.

2	gousses d'ail hachées fin	2
1	pomme pelée et hachée	1
1	banane pelée et tranchée	1
125 ml	de raisins secs	1/2 tasse
50 ml	de poudre de curry	1/4 de tasse
30 ml	de cassonade	2 c. à soupe
1 ml	de cumin moulu	1/4 de c. à thé
1 ml	de filaments de safran broyé	1/4 de c. à thé
500 ml	de lait de coco non sucré	2 tasses
500 ml	de bouillon de poulet	2 tasses
30 ml	de jus de citron ou de lime	2 c. à soupe
5 ml	de sauce Worcestershire	1 c. à thé
175 ml	de crème à fouetter	3/4 de tasse
12	grosses moules grattées et ébarbées	12
16	grosses crevettes roses décortiquées et déveinées	16
16	pétoncles	16
375 g	de rouget (ou de flétan, ou de poisson à chair blanche ferme) coupé en cubes	12 oz
125 ml	de pois chiches cuits (voir p. 27)	1/2 tasse
125 ml	de poivron rouge coupé en dés	1/2 tasse
50 ml	de coriandre hachée	1/4 de tasse

1. Dans l'autocuiseur, mélanger l'ail, la pomme, la banane, les raisins secs, le curry, la cassonade, le cumin, le safran, le lait de coco, le bouillon, le jus de citron et la sauce Worcestershire.

2. Sceller le couvercle et porter la pression à son maximum à feu vif. Réduire le feu à moyen-doux, juste pour garder la pression régulière, et cuire 10 minutes. Retirer du feu et vite faire tomber la pression.
3. À l'aide d'un mixeur ou d'un robot, réduire la soupe en purée. (Si on se sert d'un robot, laisser d'abord refroidir un peu la soupe puis procéder par petites quantités.) Incorporer la crème. Ajouter les moules, les crevettes, les pétoncles, le poisson, les pois chiches et le poivron.
4. Sceller le couvercle et porter la pression à son maximum à feu moyen-vif. Réduire le feu à moyen-doux, juste pour garder la pression régulière, et cuire 2 minutes. Retirer du feu et vite faire tomber la pression.
5. Servir le poisson et les fruits de mer dans quatre bols à soupe. Verser le bouillon par-dessus et garnir de coriandre.

Gombo de fruits de mer à la louisianaise

Pour 6 à 8 convives

Si vous ne pouvez vous procurer du crabe frais, achetez-en surgelé ou en boîte. Si vous achetez vos huîtres déjà préparées, mettez-en le liquide dans le ragoût. Servez ce gombo cajun, dans des bols profonds, sur une montagne de riz et vous aurez là un repas complet sain et délicieux.

125 ml	d'huile végétale	1/2 tasse
250 ml	d'oignon haché	1 tasse
175 ml	de céleri haché	3/4 de tasse
250 ml	de poivrons rouges hachés	1 tasse
30 ml	d'ail haché	2 c. à soupe
125 ml	de farine tout usage	1/2 tasse
250 g	d'andouille fumée tranchée (ou d'une autre saucisse fumée piquante)	8 oz
1,5 litre	de fumet de poisson (voir recette, p. 235)	6 tasses
30 ml	de thym séché	2 c. à soupe
2 ml	de poivre noir fraîchement moulu	1/2 c. à thé
500 g	de grosses crevettes décortiquées et déveinées	1 lb
500 g	de chair de crabe ou d'écrevisse	1 lb
24	huîtres décoquillées	24
	Sel et poivre de Cayenne, au goût	
125 ml	d'oignons verts (ciboules) hachés	1/2 tasse
50 ml	de persil haché	1/4 de tasse
1,5 à 2 litres	de riz cuit, chaud	6 à 8 tasses

1. Dans l'autocuiseur, faire chauffer 30 ml (2 c. à soupe) de l'huile à feu moyen. Y mettre l'oignon, le poivron, le céleri et l'ail et les faire revenir et dorer 5 minutes. Ajouter la saucisse, le thym, le poivre noir et le fumet de poisson.
2. Sceller le couvercle et porter la pression à son maximum à feu vif. Réduire le feu à moyen-doux, juste pour garder la pression régulière,

et cuire 10 minutes. Retirer du feu et vite faire tomber la pression.
3. Dans une poêle, faire chauffer le reste de l'huile à feu moyen-doux. Y jeter la farine et la faire revenir, en remuant sans cesse, jusqu'à ce que le roux obtenu prenne une belle couleur brune, 12 minutes environ. (Attention, ce mélange devient très chaud et brûle facilement!) Retirer du feu et laisser refroidir un peu.
4. Incorporer un peu de fumet dans le roux et verser ce mélange dans la marmite. Faire cuire et épaissir, en remuant continuellement le mélange. Ajouter les crevettes, la chair de crabe et les huîtres.
5. Sceller le couvercle et porter la pression à son maximum à feu moyen-vif. Faire cuire 1 minute. Retirer du feu et vite faire tomber la pression.
6. Assaisonner au goût avec le sel et le poivre de Cayenne. Incorporer les oignons verts et le persil. Réchauffer bien le gombo avant de le servir.

Rouget aux haricots noirs fermentés et au miso

Pour 4 convives

Voici une façon légère et savoureuse de servir le poisson. Préparez comme plats d'accompagnement du riz parfumé thaïlandais et du bok choy *(ou* pak choy*) sauté au wok avec des graines de sésame.*

		Une assiette à tarte de 18 ou 20 cm (7 ou 8 po de diamètre) (plus petite si on veut la placer au fond de la marmite)	
		Clayette ou grille au fond de l'autocuiseur	
1 kg		de filets de rouget	2 lb
5 ml		de sel	1 c. à thé
15 ml		de pâte de miso rouge	1 c. à soupe
15 ml		de vin de riz	1 c. à soupe
10 ml		de haricots noirs fermentés	2 c. à thé
10 ml		d'huile de sésame	2 c. à thé
5 ml		de sauce soja foncée	1 c. à thé
2 ml		de pâte de piment asiatique	1/2 c. à thé
	1	morceau de gingembre de 5 cm (2 po) coupé en allumettes	1
	2	gousses d'ail hachées	2
	4	oignons verts (ciboules) coupés en deux dans le sens de la longueur puis en morceaux de 5 cm (2 po)	4

1. Dans un plat de verre peu profond, rouler le poisson dans le sel. Dans un bol, mélanger le miso, le vin de riz, les haricots noirs, l'huile de sésame, la sauce soja et la pâte de piment. Badigeonner les deux côtés des filets de ce mélange. Laisser reposer 10 minutes.
2. Garnir le fond de l'assiette à tarte avec la moitié du gingembre, de l'ail et des oignons verts; placer les filets par-dessus. Arroser le poisson avec le reste de la sauce puis le couvrir avec le reste du gingembre, de

l'ail et des oignons verts. Placer la clayette au fond de la marmite. Verser de l'eau juste pour couvrir la clayette puis placer l'assiette à tarte dessus.
3. Sceller le couvercle et porter la pression à son maximum à feu vif. Réduire la chaleur à moyen-doux, juste pour garder la pression régulière, et cuire 3 minutes. Retirer du feu et vite faire tomber la pression. Servir aussitôt.

Darnes de flétan aux poivrons

Pour 4 convives

Essayez de faire ce plat coloré tard en été au moment où on peut facilement trouver toutes sortes de poivrons. Pour un goût plus épicé, ajoutez un piment banane à la recette.

Truc
Si vous ne pouvez trouver de flétan, utilisez un autre poisson à chair ferme, comme le saumon ou l'espadon.

50 ml	d'huile d'olive extravierge	1/4 de tasse
1	poivron rouge émincé	1
1	poivron jaune émincé	1
250 ml	de courgette taillée en allumettes	1 tasse
5 ml	d'ail haché	1 c. à thé
125 ml	d'échalotes sèches (ou de poireau) tranchées	1/2 tasse
15 ml	de thym haché	1 c. à soupe
15 ml	de romarin haché	1 c. à soupe
4	darnes de flétan de 2 cm (3/4 de po) d'épais	4
250 ml	de vin blanc sec	1 tasse
2 ml	de sel	1/2 c. à thé
1 ml	de poivre noir fraîchement moulu	1/4 de c. à thé
	Brins de thym ou de romarin	

1. Dans l'autocuiseur, faire chauffer l'huile à feu vif. Y mettre les poivrons, la courgette, l'ail et les échalotes et les faire revenir 10 minutes ou jusqu'à ce que les légumes commencent à se colorer. Ajouter les herbes.
2. Placer le poisson en un seul rang sur les légumes et verser le vin. Assaisonner.
3. Sceller le couvercle et porter la pression à son maximum à feu vif. Réduire le feu à moyen-doux, juste pour garder la pression régulière, et cuire 3 à 4 minutes. Retirer du feu et vite faire tomber la pression. La chair du poisson devrait facilement se défaire sous la fourchette. Sinon, le remettre à cuire sous pleine pression 1 à 2 minutes de plus. Retirer du feu et vite faire tomber la pression.
4. Servir le poisson garni de légumes et de sauce dans des plats peu profonds avec du riz. Garnir avec du thym ou du romarin.

Plats végétariens et salades

145

Salade chaude de lentilles au citron

Pour 4 à 6 convives

Dans cette recette, servez-vous de lentilles brunes ou vertes ou de petites lentilles vertes françaises si vous pouvez en trouver.

La salade aux lentilles se sert souvent en entrée mais peut aussi servir de plat d'accompagnement avec du poisson ou des côtelettes d'agneau grillées.

Truc

Au lieu d'un bouquet garni, servez-vous d'une boule à thé contenant 5 ml (1 c. à thé) de thym séché et une de romarin et une feuille de laurier.

1	brin de thym	1
1	brin de romarin	1
1	feuille de laurier	1
250 ml	de lentilles brunes ou vertes	1 tasse
2	gousses d'ail pelées	2
1	carotte coupée en quatre	1
750 ml	d'eau	3 tasses
15 ml	d'huile végétale	1 c. à soupe

VINAIGRETTE :

	Le zeste d'1 citron, finement haché	
	Le jus d'1 citron (45 ml / 3 c. à soupe)	
10 ml	de thym haché (ou la moitié de thym séché)	2 c. à thé
1	gousse d'ail hachée fin	1
5 ml	de sel	1 c. à thé
15 ml	de moutarde de Dijon	1 c. à soupe
50 ml	d'huile d'olive extravierge	1/4 de tasse
	Poivre noir fraîchement moulu	
4	tomates italiennes épépinées et hachées	4
3	oignons verts (ciboules) hachés	3
50 ml	de persil haché	1/4 de tasse
	Feuilles de salades mixtes	

1. Préparer un bouquet garni avec le thym, le romarin et le laurier. Dans l'autocuiseur, mélanger le bouquet garni, les lentilles, l'ail, la carotte, l'eau et l'huile.

2. Sceller le couvercle et porter la pression à son maximum à feu vif. Réduire le feu à moyen-doux, juste pour garder la pression régulière, et cuire 8 minutes. Retirer du feu et laisser la pression tomber d'elle-même. Égoutter à fond. Jeter le bouquet garni, la carotte et l'ail. Placer les lentilles dans un bol.
3. Vinaigrette : Dans un bol, bien mélanger le zeste et le jus de citron, le thym, l'ail, le sel et la moutarde. Incorporer l'huile petit à petit pour monter la vinaigrette. Poivrer au goût.
4. Verser la vinaigrette sur les lentilles et bien mélanger. Incorporer ensuite les tomates, les oignons verts et le persil. Servir les lentilles sur des feuilles de salades ou avec une viande ou un poisson grillés.

Salade de pois chiches aux poivrons et à l'oignon

Pour 4 convives

Ce plat savoureux et sain peut facilement s'emporter lors d'un pique-nique ou d'une randonnée à bicyclette. Cette salade est délicieuse le jour où vous la faites mais tout aussi bonne le lendemain. Vous n'en reviendrez pas de voir combien les pois chiches peuvent être délicieux, et croquants, quand ils sont cuits à l'autocuiseur.

250 ml	de pois chiches secs	1 tasse
1 litre	d'eau	4 tasses
1	poivron rouge	1
10 ml	d'huile d'olive	2 c. à thé
1	gros oignon	1
1	tête d'ail	1
2	tomates italiennes épépinées et hachées	2
15 ml	de thym haché (ou 5 ml / 1 c. à thé de thym séché)	1 c. à soupe
15 ml	de sauge hachée (ou 5 ml / 1 c à thé de sauge séchée)	1 c. à soupe
5 ml	de sel marin	1 c. à thé
2 ml	de poivre noir fraîchement moulu	1/2 c. à thé
2 ml	de poivre de Cayenne	1/2 c. à thé
50 ml	d'huile d'olive extravierge	1/4 de tasse
45 ml	de jus de citron	3 c. à soupe
50 ml	de persil plat haché	1/4 de tasse

1. Faire tremper les pois chiches en eau froide toute la nuit ou utiliser la méthode rapide sous pression, p. 168. Égoutter.
2. Dans l'autocuiseur, mélanger les pois chiches et l'eau. Sceller le couvercle et porter la pression à son maximum à feu vif. Réduire le feu à moyen-doux, juste pour garder la pression régulière, et cuire 15 minutes. Retirer du feu et laisser la pression tomber d'elle-même. Égoutter. Placer les pois chiches dans un grand bol.
3. Entre-temps, sous le gril ou sur un barbecue, faire carboniser la peau du

poivron de tous les côtés. Ensuite, faire suer celui-ci dans un sac de plastique. Peler le poivron, l'épépiner, le hacher puis 'incorporer aux pois chiches. Envelopper l'oignon et l'ail non pelé avec l'huile d'olive dans du papier d'aluminium. Les faire cuire au four, à 200 °C (400 °F), 45 minutes ou jusqu'à ce qu'ils soient bien tendres. Peler l'oignon et le couper en lanières et l'ajouter aux pois chiches. Éliminer la peau des gousses d'ail et mettre celles-ci dans le bol.

4. Ajouter les tomates, le thym, la sauge, le sel, le poivre, le poivre de Cayenne, l'huile d'olive et le jus de citron. Bien mélanger le tout. Laisser à la température ambiante, 1 heure au moins, pour permettre aux saveurs de bien se mélanger. N'ajouter le persil à la salade qu'au moment de servir.

Ragoût de pois chiches et de légumes

Pour 8 convives

Un jardin dans votre assiette, c'est ainsi qu'on pourrait décrire ce ragoût végétarien consistant et sain propre à vous remettre en forme aux jours les plus froids de l'hiver.

250 ml	de pois chiches secs	1 tasse
1 litre	d'eau	4 tasses
30 ml	d'huile d'olive	2 c. à soupe
3	gousses d'ail hachées fin	3
2	branches de céleri hachées	2
1	oignon haché	1
2	grosses pommes de terre pelées et hachées	2
1	poivron rouge haché	1
1	grosse carotte hachée	1
125 ml	de petites lentilles rouges	1/2 tasse
500 ml	de bouillon de légumes	2 tasses
125 ml	de vin blanc sec	1/2 tasse
45 ml	de basilic haché ou de pesto	3 c. à soupe
15 ml	de romarin haché	1 c. à soupe
	Sel et poivre noir fraîchement moulu, au goût	
500 ml	de polenta cuite (voir page suivante)	2 tasses
	Huile d'olive extravierge pour arroser	
125 ml	de parmesan fraîchement râpé	1/2 tasse

1. Faire tremper les pois chiches toute la nuit ou utiliser la méthode rapide sous pression, p. 168. Égoutter.
2. Dans l'autocuiseur, mélanger les pois chiches et l'eau. Sceller le couvercle et porter la pression à son maximum à feu vif. Réduire le feu à moyen-doux, juste pour garder la pression régulière, et cuire 14 minutes. Retirer du feu et laisser la pression tomber d'elle-même. Égoutter. Réserver.

3. Essuyer le fond de la marmite. Verser l'huile et la faire chauffer à feu moyen. Ajouter l'ail, le céleri et l'oignon et les faire revenir jusqu'à ce qu'ils soient tendres. Incorporer ensuite les pommes de terre, le poivron et la carotte, et les enrober d'huile. Ajouter les pois chiches, les lentilles, le bouillon et le vin.
4. Sceller le couvercle et porter la pression à son maximum à feu vif. Réduire le feu à moyen-doux, juste pour garder la pression régulière, et cuire 5 minutes. Retirer du feu et laisser la pression tomber d'elle-même.
5. Incorporer le basilic et le romarin. Faire chauffer à feu doux, à découvert, 5 minutes. Assaisonner au goût. Servir le ragoût dans des bols profonds sur un lit de polenta. Couvrir chaque portion d'un filet d'huile d'olive et de parmesan.

POLENTA

2 litres	d'eau	8 tasses
500 ml	de farine de maïs grossièrement moulue	2 tasses
60 ml	de beurre	4 c. à soupe
125 ml	de parmesan finement râpé	1/2 tasse

1. Dans une poêle à fond épais, amener l'eau à ébullition puis réduire le feu à doux. Verser la farine de maïs en pluie dans l'eau tout en remuant constamment le mélange. Laisser mijoter la polenta sans cesser de remuer jusqu'à ce qu'elle se détache de la poêle pour former une masse homogène. Cela demande de 5 à 20 minutes selon la texture de la farine. Incorporer ensuite le beurre et le fromage, et servir aussitôt.

Pommes de terre et pois chiches à l'espagnole

Pour 4 convives
(comme plat principal)
Pour 8 à 10 convives
(comme entrée)

Avec sa riche sauce à l'ail et au safran, ce plat végétarien est des plus consistants et gratifiants. On peut le servir comme entrée avec du pain croustillant, comme plat principal ou comme plat d'accompagnement avec du poisson frit. On peut aussi, dans une variante non végétarienne, le servir avec 1/2 tasse (125 ml) de chorizo, ou de prosciutto, haché.

250 ml	de pois chiches secs	1 tasse
50 ml	d'huile d'olive	1/4 de tasse
4	pommes de terre à chair jaune, pelées et coupées en cubes de 2,5 cm (1 po)	4
2	oignons hachés	2
5	grosses gousses d'ail hachées	5
2 ml	de filaments de safran broyé	1/2 c. à thé
3	feuilles de laurier	3
750 ml	de bouillon de légumes ou d'eau	3 tasses
15 ml	de paprika espagnol doux	1 c. à soupe
375 ml	de cœurs d'artichauts coupés en quartiers	1 1/2 tasse
	Sel et poivre noir fraîchement moulu	
45 ml	de persil haché	3 c. à soupe
	Parmesan finement râpé (facultatif)	
	Quartiers de citron (facultatif)	

1. Faire tremper les pois chiches toute la nuit ou utiliser la méthode rapide sous pression, p. 168. Égoutter.
2. Dans l'autocuiseur, faire chauffer l'huile à feu moyen. Y faire revenir les pommes de terre et les oignons jusqu'à ce que les oignons soient tendres. Ajouter l'ail et le safran et cuire 1 minute. Incorporer ensuite les pois chiches, le laurier et le bouillon.
3. Sceller le couvercle et porter la pression à son maximum à feu vif. Réduire le feu à moyen-doux, juste pour garder la pression régulière, et cuire 18 minutes. Retirer du feu et vite faire tomber la pression.
4. Jeter le laurier. Ajouter le paprika et les artichauts. Laisser mijoter, à

découvert, jusqu'à ce que le ragoût épaississe et que les pommes de terre commencent à se défaire. Assaisonner au goût. Incorporer le persil. Servir, au goût, avec du parmesan et des quartiers de citron.

Chili végétarien à l'orge, aux lentilles et aux haricots noirs

Pour 6 convives

Voici une variante végétarienne du fameux chili con carne. Dans cette recette, les haricots, les lentilles et l'orge se combinent pour former une protéine complète. Même les carnivores se régaleront de ce plat croquant et savoureux.

Truc

Pour relever ce plat, ajoutez-y un piment jalapeño. Pour encore plus de piquant, mettez-y un piment brûlant.

30 ml	d'huile végétale	2 c. à soupe
3	gousses d'ail hachées fin	3
1	gros oignon espagnol haché	1
1	piment épépiné et haché	1
250 ml	de lentilles brunes ou vertes	1 tasse
250 ml	de haricots noirs cuits (voir p. 27)	1 tasse
250 ml	d'orge perlé	1 tasse
45 ml	de piment en poudre	3 c. à soupe
15 ml	de paprika hongrois doux	1 c. à soupe
5 ml	d'origan séché	1 c. à thé
5 ml	de cumin moulu	1 c. à thé
1,5 litre	de bouillon de légumes	6 tasses
1	piment chipotle en sauce adobo, haché	1
800 ml	de tomates italiennes en conserve, broyées	28 oz
Sel et poivre noir fraîchement moulu		

1. Dans l'autocuiseur, faire chauffer l'huile à feu moyen. Y faire revenir l'ail et l'oignon jusqu'à ce qu'ils soient tendres. Ajouter le piment et cuire 1 minute. Incorporer ensuite tous les ingrédients sauf le sel et le poivre.
2. Sceller le couvercle et porter la pression à son maximum à feu vif. Réduire le feu à moyen-doux, juste pour garder la pression régulière, et cuire 10 minutes. Retirer du feu et laisser la pression tomber d'elle-même pendant 10 minutes. Évacuer le reste de la pression. L'orge et les lentilles devraient être tendres. Sinon, les remettre à cuire sous pression 2 à 3 minutes de plus. Retirer du feu et laisser la pression tomber d'elle-même.
3. Laisser mijoter le plat, à découvert, jusqu'à ce qu'il épaississe. Assaisonner au goût.

Lentilles crémeuses et cheddar

POUR 4 CONVIVES

Ce plat végétarien est simple, riche en fibres et nutritif. Il se sert fort bien avec des saucisses européennes grillées ou du jambon.

2	gousses d'ail hachées fin	2
250 ml	de lentilles brunes ou vertes	1 tasse
250 ml	d'oignons hachés	1 tasse
1	carotte râpée	1
1	poivron rouge ou jaune haché	1
1	feuille de laurier	1
2 ml	de thym séché	1/2 c. à thé
400 ml	de tomates en conserve, réduites en purée	14 oz
250 ml	d'eau	1 tasse
125 ml	de crème à fouetter	1/2 tasse
250 ml	de vieux cheddar râpé	1 tasse

1. Dans l'autocuiseur, mélanger tous les ingrédients sauf les deux derniers. Ne remplir la marmite qu'à moitié.
2. Sceller le couvercle et porter la pression à son maximum à feu vif. Réduire le feu à moyen-doux, juste pour garder la pression régulière, et cuire 10 minutes. Retirer du feu et laisser la pression tomber d'elle-même. Les lentilles devraient alors être tendres. Sinon, les remettre à cuire sous pression 2 à 4 minutes de plus. Retirer du feu et laisser la pression tomber d'elle-même.
3. Jeter le laurier. Incorporer la crème et amener à ébullition. Réduire le feu et laisser mijoter la sauce pour la faire épaissir. Retirer du feu et incorporer délicatement le fromage pour le faire fondre dans les lentilles.

Curry de lentilles aux épinards

Pour 4 convives

Avec un autocuiseur, ce classique plat indien se prépare en une fraction du temps normalement requis pour le faire. On peut le servir comme plat d'accompagnement avec du porc, de l'agneau ou n'importe quel mets indien, ou alors sur un lit de riz basmati.

30 ml	d'huile végétale	2 c. à soupe
2	piments rouges forts séchés, broyés	2
2 ml	de graines de cumin	1/2 c. à thé
2 ml	de coriandre moulue	1/2 c. à thé
2 ml	de graines de moutarde ou de moutarde sèche	1/2 c. à thé
2	gousses d'ail hachées fin	2
1	oignon émincé	1
1	grosse tomate épépinée et hachée	1
15 ml	de gingembre frais, haché	1 c. à soupe
250 ml	de lentilles brunes ou vertes	1 tasse
2 ml	de sel	1/2 c. à thé
875 ml	d'eau	3 1/2 tasses
30 ml	de jus de citron	2 c. à soupe
500 ml	d'épinards frais, parés et finement hachés	2 tasses
	Chutney à la coriandre ou aux mangues	

1. Dans l'autocuiseur, faire chauffer l'huile à feu moyen. Ajouter les piments broyés et les graines de cumin et de moutarde et la coriandre et faire revenir 20 secondes. Ajouter l'oignon, l'ail, la tomate et le gingembre et les faire cuire 3 minutes ou jusqu'à ce que les légumes soient tendres. Incorporer ensuite les lentilles, le sel, l'eau, le jus de citron et les épinards.
2. Sceller le couvercle et porter la pression à son maximum à feu vif. Réduire le feu à moyen-doux, juste pour garder la pression régulière, et cuire 12 minutes. Retirer du feu et laisser la pression tomber d'elle-même.

3. Laisser mijoter, à découvert, pour épaissir. Servir sur un lit de riz basmati avec une bonne cuillerée de chutney placée sur le bord de l'assiette.

Couscous aux légumes

POUR 4 CONVIVES

Le couscous est un plat d'accompagnement facile à faire et toujours apprécié. Voici donc un repas complet sain tout plein de délicieux légumes aux saveurs exotiques du Maroc.

250 ml	de pois chiches secs	1 tasse
1 litre	d'eau froide	4 tasses
30 ml	d'huile d'olive	2 c. à soupe
1	oignon haché	1
1	gousse d'ail hachée	1
1	poivron rouge ou jaune haché	1
10 ml	de cumin moulu	2 c. à thé
5 ml	de paprika hongrois	1 c. à thé
2 ml	de sel	1/2 c. à thé
1 ml	de poivre noir fraîchement moulu	1/4 de c. à thé
1 ml	de cannelle moulue	1/4 de c. à thé
Pincée	de poivre de Cayenne	Pincée
50 ml	de raisins de Corinthe	1/4 de tasse
500 ml	de bouillon de légumes	2 tasses
325 ml	de couscous	1 1/2 tasse
1	petite courgette coupée en dés	1
250 ml	de petits pois surgelés, dégelés	1 tasse
45 ml	de coriandre fraîche, hachée	3 c. à soupe

1. Faire tremper les pois chiches toute la nuit ou utiliser la méthode rapide sous pression, p. 168. Égoutter.
2. Dans l'autocuiseur, mélanger les pois chiches et l'eau. Sceller le couvercle et porter la pression à son maximum à feu vif. Réduire le feu à moyen-doux, juste pour garder la pression régulière, et cuire 14 minutes. Retirer du feu et laisser la pression tomber d'elle-même. Égoutter. Réserver.

3. Essuyer l'intérieur de la marmite. Faire chauffer l'huile à feu moyen. Y faire revenir l'oignon, l'ail et le poivron 5 minutes ou jusqu'à ce qu'ils soient tendres. Ajouter le cumin, le paprika, le sel, le poivre, la cannelle et le poivre de Cayenne, et cuire 2 minutes de plus. Incorporer les pois chiches et les raisins secs. Verser le bouillon.
4. Sceller le couvercle et porter la pression à son maximum à feu vif. Réduire le feu à moyen-doux, juste pour garder la pression régulière, et cuire 4 minutes. Retirer du feu et vite faire tomber a pression.
5. Incorporer le couscous, la courgette et les petits pois. Laisser reposer, à l'étouffée, 10 minutes. Faire gonfler avec une fourchette et incorporer la coriandre.

Haricots blancs style Boston

POUR 6 CONVIVES

Quoique cette variante d'une recette américaine classique soit végétarienne, on peut quand même y ajouter, pour en relever le goût, 225 g (8 oz) de bacon frit ou de porc salé, haché.

750 ml	de haricots blancs secs	3 tasses
1,5 litre	d'eau	6 tasses
125 ml	d'eau	1/2 tasse
30 ml	d'huile d'olive	2 c. à soupe
50 ml	de cassonade bien tassée	1/4 de tasse
50 ml	de mélasse	1/4 de tasse
30 ml	de moutarde de Dijon	2 c. à soupe
250 ml	d'oignons hachés	1 tasse
2	gousses d'ail hachées fin	2
250 ml	de sauce tomate	1 tasse
1 ml	de poivre noir fraîchement moulu	1/4 de c. à thé
5 à 10 ml	de sel, au goût	1 à 2 c. à thé

1. Faire tremper les haricots toute la nuit ou utiliser la méthode rapide sous pression, p. 168. Égoutter.
2. Dans l'autocuiseur, couvrir les haricots de 1,5 litre (6 tasses) d'eau. Sceller le couvercle et porter la pression à son maximum à feu vif. Réduire le feu à moyen-doux, juste pour garder la pression régulière, et cuire 6 à 10 minutes selon la grosseur des haricots. Retirer du feu et laisser la pression tomber d'elle-même. Égoutter.
3. Mettre dans la marmite le reste de l'eau et les autres ingrédients (sauf le sel et le poivre). Ajouter les haricots.
4. Sceller le couvercle et porter la pression à son maximum à feu vif. Réduire le feu à moyen-doux, juste pour garder la pression régulière, et cuire 2 minutes. Retirer du feu et laisser la pression tomber d'elle-

même. Les haricots devraient alors être tendres. Sinon, ajouter un peu d'eau et remettre à cuire sous pression 2 à 3 minutes de plus. Retirer du feu et laisser la pression tomber d'elle-même.
5. Éliminer le surplus de liquide ou laisser reposer les haricots 30 minutes, à l'étouffée, jusqu'à ce que le liquide ait été absorbé. Assaisonner au goût.

Haricots rouges et orge au goût des Caraïbes

Pour 6 à 8 convives

Voici un savoureux plat de haricots et d'orge avec un petit quelque chose de la chaleur des Îles. Ce plat accompagne à merveille la Fricassée de poulet à la jamaïcaine *(p. 88)*.

Truc
Servez-vous d'orge perlé ou mondé. À l'autocuiseur, le premier requiert environ 7 minutes de cuisson, le deuxième, 15.

250 ml	de haricots rouges secs	1 tasse
2	gousses d'ail hachées fin	2
2	branches de céleri hachées	2
1	petit oignon haché	1
1 litre	d'eau	4 tasses
375 ml	d'orge perlé ou mondé (voir ci-contre)	1 1/2 tasse
1	piment brûlant ou 2 jalapeños entiers	1
10 ml	de thym séché	2 c. à thé
500 ml	de lait de coco non sucré	2 tasses
3	oignons verts (ciboules) hachés	3
15 ml	de beurre	1 c. à soupe
	Sel et poivre blanc, au goût	

1. Faire tremper les haricots toute la nuit ou utiliser la méthode rapide sous pression, p. 168. Égoutter.
2. Dans l'autocuiseur, mélanger les haricots, l'ail, le céleri, l'oignon et l'eau. Sceller le couvercle et porter la pression à son maximum à feu vif. Réduire le feu à moyen-doux, juste pour garder la pression régulière, et cuire 10 minutes. Retirer du feu et laisser la pression tomber d'elle-même.
3. Incorporer l'orge, le poivron, le thym et le lait de coco. Sceller le couvercle et porter la pression au maximum à feu vif. Réduire le feu à moyen-doux, juste pour garder la pression régulière, et cuire 7 minutes (orge perlé) ou 15 minutes (orge mondé). Retirer du feu et laisser la pression tomber d'elle-même.
4. Jeter le piment puis incorporer les oignons verts et le beurre. Assaisonner au goût. Servir aussitôt.

Risotto d'orge Primavera

Pour 6 convives

Cette recette s'inspire du classique plat de riz italien.

Truc
Pour gagner du temps, hachez l'oignon, l'ail, la courgette, la carotte et le céleri au robot culinaire.

30 ml	d'huile d'olive	2 c. à soupe
250 ml	d'orge perlé ou mondé	1 tasse
1	petit oignon haché	1
1	gousse d'ail hachée fin	1
125 ml	de courgette hachée fin	1/2 tasse
50 ml	de carotte hachée	1/4 de tasse
50 ml	de céleri haché	1/4 de tasse
625 ml	de bouillon de légumes ou d'eau	2 1/2 tasses
5 ml	de sauce Tamari	1 c. à thé
50 ml	de parmesan fraîchement râpé	1/4 de tasse
Pincée	de poivre noir fraîchement moulu	Pincée

1. Dans l'autocuiseur, faire chauffer l'huile à feu moyen. Ajouter l'orge et le faire revenir 1 minute ou jusqu'à ce qu'il soit rôti. Ajouter l'oignon, l'ail, la courgette, la carotte et le céleri et les faire revenir 1 minute ou jusqu'à ce que les légumes commencent à ramollir. Incorporer ensuite le bouillon et la sauce Tamari.
2. Sceller le couvercle et porter la pression à son maximum à feu vif. Réduire le feu à moyen-doux, juste pour garder la pression régulière, et cuire 18 minutes. Retirer du feu et laisser la pression tomber d'elle-même.
3. Faire gonfler le risotto avec une fourchette. Incorporer le parmesan et le poivre. Servir aussitôt.

Riz à l'indienne (Biryani)

Pour 2 convives
(comme plat principal)
Pour 4 convives
(en accompagnement)

On peut utiliser presque n'importe quel légume ou n'importe quelle viande pour ce délicieux plat de riz indien, qui accompagne à merveille le poulet tandoori ou l'agneau grillé. Cette variante de la recette est végétarienne mais rien n'empêche d'y incorporer des restes de poulet, de bœuf ou d'agneau. On ajoute ceux-ci après la cuisson et il suffit simplement de les réchauffer avec le riz.

30 ml	d'huile végétale	2 c. à soupe
10 ml	de sel	2 c. à thé
10 ml	de paprika doux hongrois ou espagnol	2 c. à thé
10 ml	de curcuma	2 c. à thé
10 ml	de garam masala	2 c. à thé
2 ml	de poivre de Cayenne	1/2 c. à thé
1	oignon coupé en deux et tranché	1
125 ml	de petits champignons coupés en deux	1/2 tasse
1/2	poivron vert coupé en dés	1/2
250 ml	de riz basmati	1 tasse
125 ml	de chou-fleur en fleurettes	1/2 tasse
125 ml	de carotte coupée en dés	1/2 tasse
50 ml	d'abricots séchés et hachés, ou de raisins secs	1/4 de tasse
500 ml	d'eau ou de bouillon de légumes	2 tasses
125 ml	de pois verts surgelés, dégelés	1/2 tasse

1. Dans l'autocuiseur, faire chauffer l'huile à feu doux. Ajouter le sel, le paprika, le curcuma, le garam masala et le poivre de Cayenne, et les faire chauffer 1 minute en remuant.
2. Porter le feu à moyen. Ajouter l'oignon, les champignons et le poivron, et les faire revenir 2 à 3 minutes, jusqu'à ce qu'ils commencent à dégorger. Incorporer le riz, le chou-fleur, la carotte et les abricots (ou les raisins). Ajouter l'eau.
3. Sceller le couvercle et porter la pression à son maximum à feu vif. Réduire le feu à moyen-doux, juste pour garder la pression régulière, et

cuire 7 minutes. Retirer du feu et laisser la pression tomber d'elle-même pendant 2 minutes. Évacuer le reste de la vapeur rapidement.
4. Incorporer les pois. Replacer le couvercle sur la marmite (sans le sceller) et laisser mijoter 5 minutes. Faire gonfler avec une fourchette.

Truc
Le garam masala est un mélange indien d'épices qu'on peut trouver dans certaines épiceries spécialisées.

Châtaignes au chou rouge et aux pommes

Pour 4 à 6 convives

Ce plat accompagne bien les saucisses, le jambon fumé ou l'oie rôtie. Il remplace fort bien les classiques choux de Bruxelles servis au temps des fêtes. Malgré leur goût riche, les châtaignes sont faibles en gras.

Truc

Vous pouvez vous servir de l'autocuiseur pour réhydrater rapidement les châtaignes séchées au goût de fumée vendues dans certaines épiceries italiennes ou asiatiques. Il faut alors les cuire 2 minutes sous haute pression puis les laisser 10 minutes dans la marmite avant d'évacuer le reste de la vapeur et d'ouvrir la marmite.

30 ml	de beurre	2 c. à soupe
1	oignon haché	1
500 g	de chou rouge râpé	1 lb
2	pommes vertes pelées et coupées en quartiers	2
250 ml	de châtaignes fraîches (ou séchées) pelées	1 tasse
5 ml	de sel	1 c. à thé
125 ml	de vin blanc sec	1/2 tasse
125 ml	d'eau ou de bouillon de poulet	1/2 tasse
1 ml	de poivre noir fraîchement moulu	1/4 de c. à thé

1. Pour peler les châtaignes, inciser d'abord la base de chaque fruit puis les placer dans la marmite et couvrir d'eau. Sceller le couvercle et cuire sous pression 6 minutes. Il vous sera ensuite facile de les éplucher.
2. Dans l'autocuiseur, faire fondre le beurre à feu moyen. Y mettre l'oignon et le faire revenir 5 minutes ou jusqu'à ce qu'il soit tendre. Ajouter le chou et l'enrober de beurre. Incorporer ensuite les pommes, les châtaignes, le sel, le vin et l'eau.
3. Sceller le couvercle et porter la pression à son maximum à feu vif. Réduire le feu à moyen-doux, juste pour garder la pression régulière, et cuire 10 minutes. Retirer du feu et vite faire tomber la pression.
4. Laisser mijoter à découvert jusqu'à ce que le liquide réduise. Poivrer et servir aussitôt.

Haricots, fèves et céréales

167

Mode de préparation des fèves et des haricots secs

Méthodes de trempage

Toutes les légumineuses séchées doivent être trempées avant d'être cuites. Le trempage les réhydrate et permet d'en éliminer une partie des sucres complexes, les polysaccharides, responsables de leur mauvaise réputation. Je décris ici plusieurs des procédés de trempage.

Trempage traditionnel. Si vous en avez le temps, placez les fèves ou les haricots secs dans 3 à 4 fois leur volume d'eau et laissez-les tremper de 4 à 8 heures à la température ambiante.

Trempage accéléré. Pour accélérer le réhydratage, mettez les haricots ou les fèves et l'eau dans une marmite ordinaire, *sans sel*, puis amenez le tout à ébullition à feu assez vif (attention à l'écume qui a vite tendance à déborder!). Faites-les ensuite mijoter 2 bonnes minutes puis retirez la marmite du feu, couvrez-la et laissez reposer 1 heure. Égouttez et rincez les légumineuses à fond à l'eau courante avant de les utiliser dans votre recette.

Trempage sous pression. Vous pouvez accélérer le processus encore plus grâce à l'autocuiseur. Mettez les fèves ou les haricots dans l'autocuiseur en comptant 750 ml (3 tasses) d'eau pour 250 ml (1 tasse) de légumineuses plus 15 ml (1 c. à soupe) d'huile végétale si vous possédez un ancien modèle d'autocuiseur. Scellez le couvercle et portez la pression à son maximum à feu vif. La suite de l'opération dépend de la grosseur et du type de légumineuse employée :

- S'il s'agit de petits haricots, retirez la marmite du feu et laissez la

pression tomber d'elle-même pendant 10 minutes puis évacuez le reste de la vapeur en pressant la soupape de sûreté.
- S'il s'agit de haricots plus gros, cuisez-les sous pression 1 minute puis laissez la pression tomber d'elle-même durant 10 minutes. Évacuez le reste de la vapeur en pressant la soupape de sûreté.
- Pour les pois chiches et les très grosses fèves, cuisez-les de 2 à 3 minutes sous haute pression puis retirez la marmite du feu et laissez la pression tomber d'elle-même pendant 10 minutes avant d'évacuer le reste de la vapeur en pressant la soupape de sûreté.

Pour s'assurer que les légumineuses sont bien réhydratées

Le but du trempage est de permettre aux légumineuses de se réhydrater complètement. Pour vous en assurer, coupez un haricot en deux et regardez si la couleur en est bien égale. S'il reste un point opaque au centre du haricot, il vous faudra le cuire davantage.

Précautions

Si vous aimez les légumineuses ou préparez beaucoup de plats végétariens, l'autocuiseur fait des miracles. Il vous permet de faire cuire des légumineuses saines et peu coûteuses en quelques minutes. Toutefois, il y a quelques précautions à prendre quand on fait cuire des haricots ou des lentilles dans cet instrument.

Gardez un espace de cuisson suffisant. Assurez-vous que vous ne surchargez jamais votre autocuiseur quand vous y faites cuire des haricots secs. Parce que les haricots et les lentilles forment de l'écume et gonflent beaucoup en cuisant (ils reprennent jusqu'à 4 fois leur poids et leur volume initiaux), ne remplissez jamais la marmite plus qu'au tiers de sa capacité.

Utilisez assez d'eau. Utilisez toujours au moins 500 ml (2 tasses) d'eau ou d'un autre liquide pour 250 ml (1 tasse) de haricots secs. Si vous avez un vieux modèle d'autocuiseur, surveillez-le toujours avec attention car l'orifice de la soupape de sûreté peut facilement se boucher durant la cuisson. Si cela se produit, vous entendrez alors un bruyant sifflement. Retirez immédiatement la marmite du feu et faites-en tomber la pression le plus vite possible. Tel qu'indiqué plus haut, les utilisateurs de vieux modèles doivent toujours ajouter 15 ml (1 c. à soupe) d'huile aux haricots et à l'eau avant la cuisson de manière à réduire la formation d'écume et à éviter que l'orifice de la soupape de sûreté ne s'obstrue.

Bien minuter la cuisson. Plusieurs facteurs, tels leur âge et leur degré de sécheresse, déterminent le temps de cuisson des légumineuses. Même l'humidité ambiante peut avoir un impact sur le temps de cuisson. Quand, dans une même recette, les temps de cuisson varient, il est toujours préférable de commencer avec le plus court des deux indiqués. Si elles ne sont pas parfaitement cuites, vous pouvez toujours finir de cuire vos légumineuses de la manière habituelle ou ajouter 1 ou 2 minutes de cuisson sous pression. Pour savoir si elles sont bien cuites, coupez un haricot ou une fève en deux et regardez-en le centre. Si les haricots sont bien cuits, ils seront d'une couleur uniforme et bien tendres sous la dent.

Laissez la pression tomber d'elle-même. Quand la cuisson est terminée, retirez la marmite du feu et laissez-la reposer jusqu'à ce que l'indicateur de pression retombe. Cela empêche le liquide pulpeux de boucher le tuyau central et la soupape de sûreté de la marmite. Cela empêche aussi les légumineuses de se désagréger.

Gardez votre marmite propre. Nettoyez toujours soigneusement votre autocuiseur et son couvercle après chaque utilisation pour vous assurer qu'il n'y reste aucun dépôt d'aucune sorte.

Pas de sel. N'ajoutez jamais de sel aux légumineuses lors de leur cuisson. Si vous le faites, celles-ci durciront et ne s'attendriront jamais.

Haricots de Lima et bacon braisés

Pour 4 convives

Au lieu de vous servir de bacon ordinaire dans cette recette, essayez de trouver un bon bacon doublement fumé. Ainsi, tout en étant aussi savoureux, votre plat sera beaucoup moins gras.

15 ml	d'huile d'olive	1 c. à soupe
2	tranches de bacon doublement fumé, haché	2
1	petit oignon haché	1
1	gousse d'ail hachée	1
450 g	de petits haricots de Lima surgelés	1 lb
2 ml	de poivre noir fraîchement moulu	1/2 c. à thé
1	petite tomate italienne hachée	1
50 ml	d'eau	1/4 de tasse
30 ml	de persil haché	2 c. à soupe

1. Dans l'autocuiseur, faire chauffer l'huile à feu moyen-vif. Y faire cuire le bacon, l'oignon et l'ail jusqu'à ce que l'oignon soit tendre et le bacon un peu croquant. Incorporer les haricots de Lima, le poivre, la tomate et l'eau.
2. Sceller le couvercle et porter la pression à son maximum à feu vif. Réduire le feu à moyen-doux, juste pour garder la pression régulière, et cuire 10 minutes. Retirer du feu et vite faire tomber la pression. Incorporer le persil et servir aussitôt.

Haricots blancs au jambon et au cheddar

Pour 6 convives

Ce plat simple et rapide à préparer remplace délicieusement le macaroni au fromage dont les enfants raffolent. Pour un goût plus prononcé, ajouter davantage de sauce au piment piquante au moment de servir.

500 ml	de haricots blancs (pinto ou autres) secs	2 tasses
1	jarret ou os de jambon	1
1	oignon pelé entier	1
1 litre	d'eau	4 tasses
45 ml	de beurre	3 c. à soupe
250 g	de vieux cheddar râpé	8 oz
250 ml	d'oignons finement hachés	1 tasse
2	gousses d'ail hachées fin	2
5 à 10 ml	de sauce au piment piquante (Tabasco ou autre)	1 à 2 c. à thé
	Sel et poivre noir fraîchement moulu, au goût	

1. Faire tremper les haricots toute la nuit ou utiliser la méthode rapide sous pression, p. 168. Égoutter.
2. Dans l'autocuiseur, mélanger les haricots, le jambon, l'oignon entier et l'eau. Sceller le couvercle et porter la pression à son maximum à feu vif. Réduire le feu à moyen-doux, juste pour garder la pression régulière, et cuire 10 minutes. Retirer du feu et laisser la pression tomber d'elle-même.
3. Égoutter le tout, en réservant le jus de cuisson. Jeter l'oignon. Retirer l'os (ou le jarret), en enlever et hacher la viande puis réserver. Jeter l'os et les rognures. Remettre la viande et les haricots dans la marmite puis ajouter le beurre, le fromage, les oignons hachés, l'ail et de la sauce au piment au goût. Bien mélanger le tout en ajoutant un peu du liquide de cuisson pour faire une sauce crémeuse. Faire chauffer doucement jusqu'à ce que le fromage fonde. Assaisonner au goût et servir avec de la sauce piquante.

Haricots blancs à la navarraise

Pour 6 convives

Cette recette s'inspire de l'Espagne où les chefs se servent du fameux jamon *pour donner du goût à leurs haricots. Ici nous nous servons de jambon ou de prosciutto avec d'aussi bons résultats. Ce plat accompagne à merveille l'agneau grillé ou rôti.*

375 ml	de haricots blancs secs	1 1/2 tasse
15 ml	d'huile d'olive	1 c. à soupe
45 ml	de jambon fumé ou de prosciutto, haché	3 c. à soupe
3	gousses d'ail hachées fin	3
1	gros oignon haché	1
1	carotte finement hachée ou râpée	1
1	feuille de laurier	1
1	grosse tomate italienne épépinée et hachée	1
1 ml	de poivre noir fraîchement moulu	1/4 de c. à thé
1 litre	d'eau	4 tasses
	Sel, au goût	
30 ml	de persil haché	2 c. à soupe

1. Faire tremper les haricots toute la nuit ou utiliser la méthode rapide sous pression, p. 168. Égoutter.
2. Dans l'autocuiseur, faire chauffer l'huile à feu moyen. Y faire revenir le jambon, l'ail, la carotte, le laurier, la tomate et le poivre jusqu'à ce que les légumes soient tendres. Incorporer ensuite les haricots et l'eau.
3. Sceller le couvercle et porter la pression à son maximum à feu vif. Réduire le feu à moyen-doux, juste pour garder la pression régulière, et cuire 10 minutes. Retirer du feu et laisser la pression tomber d'elle-même. Égoutter au besoin.
4. Jeter le laurier. Assaisonner au goût et incorporer le persil juste avant de servir.

Haricots blancs et côtes levées de bœuf

POUR 4 À 6 CONVIVES

Savourez ce plat typiquement albertain avec des petits pains au lait maison.

500 ml	de haricots blancs secs	2 tasses
15 ml	d'huile végétale	1 c. à soupe
1 kg	de côtes levées de bœuf désossées	2 lb
2	oignons hachés	2
50 ml	de cassonade bien tassée	1/4 de tasse
15 ml	de poudre de piment rouge	1 c. à soupe
1 litre	d'eau	4 tasses
125 ml	de sauce tomate	1/2 tasse
15 ml	de moutarde préparée	1 c. à soupe
10 ml	de vinaigre de cidre	2 c. à thé
5 ml	de sauce Worcestershire	1 c. à thé
5 ml	de fumée liquide	1 c. à thé
5 ml	de sel	1 c. à thé

1. Faire tremper les haricots toute la nuit ou utiliser la méthode rapide sous pression, p. 168. Égoutter.
2. Dans l'autocuiseur, faire chauffer l'huile à feu moyen-vif. Y faire rôtir les côtes, quelques-unes à la fois, en les plaçant à mesure dans une assiette. Réserver.
3. Réduire le feu à moyen. Ajouter les oignons et les faire revenir 10 minutes jusqu'à ce qu'elles soient tendres. Ajouter les haricots, la cassonade, la poudre de piment rouge, l'eau, la sauce tomate, la moutarde, le vinaigre, la sauce Worcestershire et la fumée liquide. Placer les côtes par-dessus.
4. Sceller le couvercle et porter la pression à son maximum à feu vif. Réduire le feu à moyen-doux, juste pour garder la pression régulière, et cuire 30 minutes. Retirer du feu et vite faire tomber la pression.
5. Ne saler le plat qu'avant de le servir.

Chili aux haricots noirs

POUR 6 À 8 CONVIVES

À base de haricots noirs, de piment chipotle et d'une rasade de whisky, voici un plat végétarien très spécial. Ce chili peut se servir sur un lit de riz ou roulé dans des tortillas avec des tomates hachées et du fromage râpé.

500 ml	de haricots « tortues noires » secs	2 tasses
45 ml	d'huile végétale	3 c. à soupe
1	gros oignon haché	1
30 ml	de paprika	2 c. à soupe
15 ml	d'origan séché	1 c. à soupe
10 ml	de graines de cumin	2 c. à thé
1 ml	de poivre de Cayenne	1/4 de c. à thé
2	gousses d'ail hachées fin	2
1	piment chipotle en sauce adobo haché (ou un chipotle sec, réhydraté et haché)	1
1	poivron vert haché	1
800 ml	de tomates italiennes en conserve, hachées	28 oz
1	feuille de laurier	1
250 ml	d'eau	1 tasse
125 ml	de whisky	1/2 tasse
10 ml	de sel	2 c. à thé
125 ml	de coriandre hachée	1/2 tasse
250 ml	de cheddar râpé	1 tasse
250 ml	de crème sure (sans gras de préférence)	1 tasse

1. Faire tremper les haricots toute la nuit ou utiliser la méthode rapide sous pression, p. 168. Égoutter.
2. Dans l'autocuiseur, faire chauffer l'huile à feu moyen. Y faire revenir l'oignon 5 minutes. Ajouter le paprika, l'origan, le cumin et le poivre de Cayenne et les laisser mijoter, en remuant, 2 minutes. Ajouter l'ail, le

chipotle, le poivron vert et les tomates. Incorporer ensuite les haricots, le laurier, l'eau et le whisky.

3. Sceller le couvercle et porter la pression à son maximum à feu vif. Réduire le feu à moyen-doux, juste pour garder la pression régulière, et cuire 20 minutes. Retirer du feu et laisser la pression tomber d'elle-même. Les haricots devraient être tendres. Sinon, les remettre à cuire sous haute pression 2-3 minutes de plus. Retirer du feu et laisser la pression tomber d'elle-même.

4. Si le mélange de haricots est trop liquide, le faire mijoter, à découvert, jusqu'à ce qu'il épaississe. (On peut aussi prendre 125 ml / 1/2 tasse de haricots, les réduire en purée à la main dans un bol ou au robot, et les remettre dans la marmite.) Jeter le laurier, assaisonner au goût et incorporer la coriandre. Servir sur un lit de riz et garnir le tout de fromage râpé et d'un peu de crème sure.

Chili de porc et de bœuf aux piments anchos

Pour 6 à 8 convives

Voici un plat principal consistant plein de tendres cubes de viande et de haricots noirs croquants. Les piments anchos sont des piments séchés d'un beau rouge foncé, moyennement forts et dont le goût rappelle celui des fruits séchés.

125 ml	de haricots « tortues noires » secs	1/2 tasse
2	piments anchos entiers	2
50 ml	d'huile d'olive	1/4 de tasse
500 g	d'épaule de porc à braiser, coupée en petits cubes	1 lb
500 g	de paleron de bœuf coupé en petits cubes	1 lb
5	gousses d'ail hachées	5
1	gros oignon haché	1
250 g	de chair à saucisse italienne piquante, hachée	8 oz
15 ml	de cumin moulu	1 c. à soupe
15 ml	de flocons de piment rouge séché	1 c. à soupe
900 ml	de tomates en conserve, hachées	38 oz
50 ml	de whisky	1/4 de tasse
15 ml	d'origan séché	1 c. à soupe
375 ml	d'eau	1 1/2 tasse
50 ml	de concentré de tomate	1/4 de tasse
	Sel et poivre noir fraîchement moulu, au goût	

1. Faire tremper les haricots toute la nuit ou utiliser la méthode rapide sous pression, p. 168. Égoutter.
2. Faire tremper les piments dans un bol d'eau chaude jusqu'à ce qu'ils soient réhydratés. Les égoutter puis les hacher en en jetant les pédoncules et les graines. Réserver.
3. Dans l'autocuiseur, faire chauffer l'huile à feu moyen-vif. Y faire dorer le porc et le bœuf, quelques cubes à la fois. À l'aide d'une cuiller à

égoutter, placer la viande dans un bol. Réserver.
4. Ajouter l'ail, l'oignon et la chair à saucisse et les faire revenir jusqu'à ce que l'oignon soit tendre et la chair à saucisse brune. Ajouter les flocons de piment et le cumin et cuire 3 minutes de plus. Incorporer les haricots, les piments anchos préparés, le porc et le bœuf (avec le jus de cuisson), l'origan, les tomates, l'eau, le wkisky et le concentré de tomate.
5. Sceller le couvercle et porter la pression à son maximum à feu vif. Réduire le feu à moyen-doux, juste pour garder la pression régulière, et cuire 25 minutes. Retirer du feu et laisser la pression tomber d'elle-même.
6. Assaisonner au goût juste avant de servir.

Ragoût de champignons, saucisses et lentilles braisés

Pour 4 convives

Pour un repas rapide et sain, servez ce savoureux plat de lentilles sur du riz ou des pâtes (rotini, penne ou orecchiette).

Truc
Les haricots secs et les lentilles ont tendance à former une écume en cuisant, aussi assurez-vous que la marmite n'est jamais pleine plus qu'au tiers de sa capacité. Si les quantités indiquées ici sont trop grandes, faites cuire ce plat en deux fois en nettoyant bien la soupape de sûreté après chaque cuisson.

500 g	de chair à saucisse italienne douce ou piquante, hachée	1 lb
15 à 30 ml	d'huile d'olive	1 à 2 c. à soupe
2	branches de céleri hachées	2
2	gousses d'ail hachées fin	2
1	gros oignon haché	1
250 ml	de champignons hachés	1 tasse
1	carotte tranchée	1
500 ml	de petites lentilles vertes	2 tasses
3	tomates italiennes hachées	3
2 ml	de thym séché	1/2 c. à thé
2 ml	de sauge séchée	1/2 c. à thé
750 ml	de bouillon de poulet	3 tasses
250 ml	de vin rouge sec	1 tasse
	Sel et poivre noir fraîchement moulu	
30 ml	de basilic haché ou de pesto	2 c. à soupe
	Riz brun cuit ou pâtes courtes (voir ci-contre)	

1. Dans l'autocuiseur, faire chauffer 15 ml (1 c. à soupe) d'huile à feu moyen-vif. Y faire brunir la chair à saucisse puis mettre celle-ci dans un bol et la réserver.
2. Réduire le feu à moyen et ajouter un peu d'huile au besoin. Ajouter le céleri, l'ail, l'oignon et les champignons et les faire revenir 5 minutes ou jusqu'à ce que les légumes commencent à se colorer. Incorporer ensuite les lentilles, les tomates, le thym, la sauge, 1 ml (1/4 de c. à thé) de sel,

1 ml (1/4 de c. à thé) de poivre, le bouillon et le vin. Ajouter la chair à saucisse.

3. Sceller le couvercle et porter la pression à son maximum à feu vif. Réduire le feu à moyen-doux, juste pour garder la pression régulière, et cuire 8 minutes. Retirer du feu et laisser la pression tomber d'elle-même.
4. Laisser mijoter, à découvert, pour réduire le liquide de cuisson. Ajouter le basilic et assaisonner au goût. Servir sur du riz ou des pâtes.

Grains de blé entier à la carbonara

Pour 4 convives

Voici une bonne et saine façon de profiter en même temps du goût riche d'une céréale entière et des saveurs d'une onctueuse sauce italienne.

Truc
On peut remplacer le blé ou le seigle par du sarrasin entier ; il ne faut alors que 1 litre (4 tasses) d'eau et 15 minutes de cuisson.

500 ml	de grains de blé (ou de seigle) entier	2 tasses
5 ml	de sel	1 c. à thé
1,5 litre	d'eau	6 tasses
45 ml	d'huile d'olive	3 c. à soupe
2	oignons finement hachés	2
250 g	de bacon de dos coupé en languettes	8 oz
250 ml	de pois verts surgelés, décongelés	1 tasse
250 ml	de crème à fouetter	1 tasse
250 ml	de parmesan fraîchement râpé	1 tasse
Sel et poivre noir fraîchement moulu, au goût		

1. Dans l'autocuiseur, mélanger le blé, le sel, l'eau et 15 ml (1 c. à soupe) d'huile. Sceller le couvercle et porter la pression à son maximum à feu vif. Réduire le feu à moyen-doux, juste pour garder la pression régulière, et cuire 35 à 40 minutes. Retirer du feu et vite faire tomber la pression. Les grains de blé devraient être tendres. Sinon, les remettre à cuire sous pression 3 à 5 minutes de plus. Retirer du feu et vite faire tomber la pression. Égoutter à fond.

2. Entre-temps, dans une grande poêle à frire, faire chauffer le reste de l'huile à feu moyen-vif. Y faire revenir les oignons et le bacon. Ajouter les pois verts et bien chauffer. Incorporer la crème et le blé et bien mélanger le tout.

3. Réduire le feu à moyen-doux et bien réchauffer le plat mais sans le faire bouillir. Incorporer le parmesan, assaisonner et servir aussitôt.

Risotto au safran

Pour 4 convives
(en accompagnement)

L'autocuiseur donne un risotto si crémeux que vous voudrez tout le temps en servir au lieu de riz ordinaire. Le safran donne au risotto un goût et une couleur incomparables.

Truc
Utilisez de préférence un bouillon de poulet maison (voir recette, p. 226). Sinon, utilisez un bouillon commercial de qualité.

15 ml	de beurre	1 c. à soupe
15 ml	d'huile d'olive extravierge	1 c. à soupe
1	petit oignon haché	1
250 ml	de riz à grains courts (arborio ou autre)	1 tasse
50 ml	de vin blanc sec	1/4 de tasse
500 ml	de bouillon de poulet ou de légumes	2 tasses
2 ml	de filaments de safran broyé	1/2 c. à thé
125 ml	de parmesan fraîchement râpé	1/2 tasse
	Poivre noir fraîchement moulu	

1. Dans l'autocuiseur, faire chauffer le beurre et l'huile à feu moyen. Y faire revenir l'oignon, 5 minutes ou jusqu'à ce qu'il soit tendre. Incorporer le riz en l'enrobant bien d'huile. Ajouter le vin. Délayer le safran dans le bouillon puis verser celui-ci sur le riz.
2. Sceller le couvercle et porter la pression à son maximum à feu vif. Réduire le feu à moyen-doux, juste pour garder la pression régulière, et cuire 7 minutes. Retirer du feu et vite faire tomber la pression. Incorporer le parmesan et assaisonner au goût. Servir aussitôt.

Risotto aux légumes rôtis et aux feuilles de betteraves

Pour 4 convives

Ce risotto peut aussi être servi comme plat végétarien principal.

Truc
Utilisez de préférence un bouillon de poulet maison (voir recette, p. 234). Sinon, utilisez un bouillon commercial de qualité.

50 ml	d'huile d'olive extravierge	1/4 de tasse
1	gousse d'ail hachée	1
1	petite aubergine asiatique tranchée	1
1	petite courgette tranchée	1
1	champignon portobello (chapeau seulement)	1
1	poivron rouge ou jaune épépiné et coupé en deux	1
1	oignon en tranches épaisses	1
	Sel et poivre noir fraîchement moulu, au goût	
50 ml	de beurre	1/4 de tasse
250 ml	de riz à grains courts (arborio ou autre)	1 tasse
125 ml	de vin blanc sec	1/2 tasse
500 ml	de bouillon de poulet	2 tasses
500 ml	de feuilles de betteraves coupées en lanières	2 tasses
50 ml	de feuilles de basilic coupées en lanières	1/4 de tasse
125 ml	de parmesan fraîchement râpé	1/2 tasse

1. Dans un petit bol, mélanger l'huile et l'ail et les laisser reposer 10 minutes. Badigeonner l'aubergine, la courgette, le portobello, le poivron et l'oignon avec l'huile. Assaisonner de sel et de poivre. Faire griller les légumes à feu moyen, en ne les retournant qu'une seule fois, jusqu'à ce qu'ils soient légèrement carbonisés. Laisser refroidir. Hacher grossièrement les légumes et les réserver.
2. Dans l'autocuiseur, faire chauffer, à feu moyen, 45 ml (3 c. à soupe) de beurre avec le reste de l'huile et de l'ail. Ajouter le riz en l'enrobant de gras. Incorporer le bouillon et le vin.

3. Sceller le couvercle et porter la pression à son maximum à feu vif. Réduire le feu à moyen-doux, juste pour garder la pression régulière, et cuire 7 minutes. Retirer du feu et vite faire tomber la pression.
4. Incorporer les légumes grillés, les feuilles de betteraves et le basilic. Couvrir (mais sans sceller le couvercle) et laisser fondre les légumes à la vapeur, 5 minutes environ. Incorporer le parmesan et le reste du beurre. Poivrer au goût.

Risotto à l'ail rôti et au fromage

POUR 4 À 6 CONVIVES

En rôtissant l'ail, on en élimine l'âpreté pour n'en garder que le goût de beurre et de noix qui se marie bien ici à celui plus corsé du fromage. Et tandis que le zeste de citron donne à ce plat une note de fraîcheur, les oignons verts (ciboules) lui donnent une belle couleur verte. Ce risotto est des plus faciles à faire et cela prouve une fois de plus comment on peut, avec l'autocuiseur, préparer un plat d'accompagnement spectaculaire en seulement 7 petites minutes.

1	tête d'ail	1
5 ml	d'huile d'olive	1 c. à thé
45 ml	de beurre	3 c. à soupe
1	gros oignon finement haché	1
500 ml	de riz à grains courts (arborio ou autre)	2 tasses
50 ml	de vin blanc sec	1/2 tasse
1 litre	de bouillon de poulet	4 tasses
250 ml	d'asiago (ou de parmesan) fraîchement râpé	1 tasse
50 ml	d'oignons verts (ciboules) hachés	1/4 de tasse
5 ml	de zeste de citron râpé	1 c. à thé
	Poivre noir fraîchement moulu, au goût	

1. Préchauffer le four à 180 ºC (350 ºF).
2. Pour rôtir l'ail, couper d'abord l'extrémité supérieure de la tête d'ail de manière à en exposer les gousses puis l'arroser d'huile et l'envelopper dans du papier d'aluminium. Faire cuire l'ail dans le four préchauffé de 30 à 40 minutes, jusqu'à ce qu'il soit bien mou. Faire sortir les gousses de leurs peaux et les écraser avec le plat de la lame d'un couteau. Réserver.
3. Dans l'autocuiseur, faire chauffer le beurre à feu moyen. Y faire revenir l'oignon 5 minutes ou jusqu'à ce qu'il ait amolli. Ajouter le riz et bien l'enrober de gras. Verser le vin et cuire jusqu'à ce que le riz l'ait absorbé. Incorporer ensuite l'ail et le bouillon de poulet.
4. Sceller le couvercle et porter la pression à son maximum à feu vif. Réduire le feu à moyen-doux, juste pour garder la pression régulière, et cuire 7 minutes. Retirer du feu et vite faire tomber la pression.
5. Incorporer le fromage, les oignons verts et le zeste. Poivrer au goût. Servir aussitôt.

Risotto aux champignons et aux crevettes

Pour 2 convives
(comme plat principal)
ou 4 convives
(en accompagnement)

Ce plat de riz riche et crémeux se prépare en 6 à 7 minutes à l'autocuiseur. Servi avec une salade, ce risotto donne un repas complet pour deux.

Truc
Utilisez de préférence un bouillon de poulet maison (voir recette, p. 234). Sinon, utilisez un bouillon commercial de qualité.

30 ml	d'huile d'olive	2 c. à soupe
15 ml	de beurre	1 c. à soupe
2	gousses d'ail hachées fin	2
250 ml	de champignons divers (cèpes, pleurotes, etc.) tranchés	1 tasse
1	oignon haché	1
5 ml	de thym haché	1 c. à thé
250 ml	de riz à grains courts (arborio ou autre)	1 tasse
500 ml	de bouillon de poulet	2 tasses
50 ml	de vin blanc sec	1/4 de tasse
375 g	de crevettes moyennes ou grosses, décortiquées, déveinées et coupées en deux dans le sens de la longueur	12 oz
125 ml	de parmesan fraîchement râpé	1/2 tasse

1. Dans l'autocuiseur, faire chauffer l'huile et le beurre à feu moyen. Y faire revenir l'ail, les champignons et l'oignon 5 minutes ou jusqu'à ce qu'ils aient ramolli. Ajouter le thym et le riz et les faire revenir 1 minute. Ajouter le bouillon et le vin.
2. Sceller le couvercle et porter la pression à son maximum à feu vif. Réduire le feu à moyen-doux, juste pour garder la pression régulière, et cuire 7 minutes. Retirer du feu et vite faire tomber la pression.
3. Incorporer les crevettes puis couvrir la marmite (mais sans sceller le couvercle) et laisser reposer 10 minutes jusqu'à ce que les crevettes soient opaques. Incorporer le parmesan et servir aussitôt.

Riz pilau (Inde)

Pour 4 convives
(en accompagnement)

*Voici la recette parfaite pour accompagner l'*Agneau à l'indienne *(voir recette, p. 122) ou le* Curry de lentilles aux épinards *(voir p. 156). Le riz brun basmati donne plus de saveur et de fibres mais exige un plus long temps de cuisson. Pour donner plus de couleur et de croquant à ce riz, ajoutez-y, au goût, des raisins secs, des raisins de Corinthe, un poivron rouge ou des oignons verts (ciboules) hachés fin.*

50 ml	de beurre	1/4 de tasse
1	petit oignon émincé	1
4	graines de cardamome	4
1	bâton de cannelle	1
1	feuille de laurier	1
2 ml	de curcuma moulu	1/2 c. à thé
2 ml	de cumin moulu	1/2 c. à thé
375 ml	de riz basmati brun	1 1/2 tasse
2 ml	de sel	1/2 c. à thé
500 ml	d'eau ou de bouillon de légumes	2 tasses
125 ml	de raisins secs, de raisins de Corinthe, ou un poivron rouge et des oignons verts (ciboules) hachés fin (facultatif)	1/2 tasse

1. Dans l'autocuiseur, faire chauffer le beurre à feu moyen. Y mettre l'oignon, la cardamome, la cannelle, le laurier, le curcuma et le cumin, et les faire revenir jusqu'à ce que l'oignon soit tendre. Incorporer le riz et bien le mélanger au reste. Ajouter le sel et l'eau et amener à ébullition.
2. Sceller le couvercle et porter la pression à son maximum à feu vif. Réduire le feu à moyen-doux, juste pour garder la pression régulière, et cuire 9 minutes. Retirer du feu et laisser la pression tomber d'elle-même pendant 7 à 10 minutes. Libérer rapidement la pression restante.
3. Faire gonfler le riz avec une fourchette. Jeter la cannelle et le laurier. Ajouter des raisins, ou du poivron et des oignons verts, au goût.

Casserole de riz sauvage aux champignons et aux châtaignes

Pour 4 convives

Ce plat d'accompagnement se sert à merveille à Noël. Vous pouvez aussi vous en servir pour farcir une volaille rôtie ou même un saumon entier. Pour varier la saveur de ce plat, ou pour accompagner des viandes plus grasses comme le canard ou l'oie, remplacez les champignons par des fruits séchés (abricots, raisins de Corinthe ou canneberges).

Truc
Sur l'épluchage des châtaignes, voir p. 166.

30 ml	de beurre	2 c. à soupe
1	oignon finement haché	1
2	gousses d'ail hachées fin	2
250 ml	de champignons (portobello, pleurote, etc.), tranchés	1 tasse
250 ml	de riz sauvage	1 tasse
250 ml	de chair de châtaignes cuite, écrasée ou la moitié de pacanes rôties	1 tasse
2 brins	de thym (ou 5 ml / 1 c. à thé de thym séché)	2 brins
500 ml	de bouillon de poulet	2 tasses
	Sel et poivre noir fraîchement moulu, au goût	

1. Dans l'autocuiseur, faire fondre le beurre à feu moyen. Y faire revenir l'ail, l'oignon et les champignons jusqu'à ce qu'ils commencent à se colorer. Ajouter le riz sauvage, la chair de châtaignes, le thym et le bouillon. Amener à ébullition.
2. Sceller le couvercle et porter la pression à son maximum à feu vif. Réduire le feu à moyen-doux, juste pour garder la pression régulière, et cuire 20 minutes. Retirer du feu et laisser la pression tomber d'elle-même. Le riz devrait être tendre et se défaire un peu. Sinon, le remettre à cuire sous pression 2 à 3 minutes de plus. Retirer du feu et laisser la pression tomber d'elle-même.
3. Éliminer tout surplus d'eau. Jeter le thym. Assaisonner au goût.

Orge à la menthe et aux légumes-racines

Pour 6 convives

L'orge est une céréale entière et saine qui remplace bien le riz. Cuite à l'autocuiseur, elle est croquante et jamais collante.

En ajoutant du parmesan râpé à ce plat, on lui donne un goût qui rappelle celui du risotto.

Assurez-vous de faire caraméliser vos légumes en les faisant sauter. C'est ce qui donne toute sa riche saveur à ce plat.

50 ml	de beurre	1/4 de tasse
2	carottes coupées en dés	2
2	panais coupés en dés	2
1	patate douce pelée et coupée en cubes	1
1	oignon haché	1
250 ml	d'orge perlé ou mondé	1 tasse
3	gousses d'ail hachées fin	3
750 ml	de bouillon de poulet (ou de bouillon foncé)	3 tasses
30 ml	de menthe hachée	2 c. à soupe
30 ml	de persil haché (facultatif)	2 c. à soupe
250 ml	de parmesan ou d'asiago, finement râpé (facultatif)	1 tasse
	Sel et poivre noir fraîchement moulu, au goût	

1. Dans l'autocuiseur, faire chauffer le beurre à feu moyen. Y faire revenir la carotte, le panais, la patate douce et l'oignon jusqu'à ce qu'ils commencent à caraméliser. Ajouter l'orge et l'ail. Faire rôtir l'orge, en remuant le tout, 5 minutes. Incorporer le bouillon.
2. Sceller le couvercle et porter la pression à son maximum à feu vif. Réduire le feu à moyen-doux, juste pour garder la pression régulière, et cuire 20 minutes. Retirer du feu et vite faire tomber la pression. L'orge devrait être tendre. Sinon, couvrir (mais sans sceller le couvercle) et laisser mijoter à feu doux jusqu'à ce que l'orge soit tendre.
3. Incorporer la menthe, le persil et le fromage (si utilisés). Assaisonner au goût.

Desserts
191

Gâteau au fromage au citron et à la lime

POUR 6 À 8 CONVIVES

Servi avec une sauce aux fruits frais ou légèrement cuits, ce gâteau au fromage traditionnel au goût riche et citronné est un pur délice. Essayez-le garni de bleuets (myrtilles) ou de petites poires cuites avec un peu d'eau et de sucre. On peut aussi le servir avec une sauce préparée en faisant cuire, 2 minutes, 50 ml (1/4 de tasse) de jus de citron frais et 75 ml (1/3 de tasse) de sucre (cette sauce doit être réfrigérée avant d'être servie).

Un moule à charnière de 1,5 à 2 litres (7 ou 8 po de diamètre) (format plus petit au besoin)
Une clayette ou une grille au fond de la marmite

CROÛTE :

45 ml	de beurre ramolli	3 c. à soupe
45 ml	de gaufrettes à la vanille écrasées	3 c. à soupe
45 ml	de pacanes moulues	3 c. à soupe

GARNITURE :

	Le zeste et le jus d'1 citron	
	Le zeste et le jus d'une lime	
500 g	de fromage à la crème	1 lb
250 ml	de sucre	1 tasse
45 ml	de farine tout usage	3 c. à soupe
4	œufs	4
50 ml	de yogourt (yaourt) ou de crème sure	1/4 de tasse
5 ml	d'extrait de vanille	1 c. à thé
500 ml	d'eau (pour la vapeur)	2 tasses

CRÈME :

125 ml	de crème sure	1/2 tasse
30 ml	de sucre	2 c. à soupe
	Fruits frais (pêches ou fraises tranchées, etc.) pour garnir	

DESSERTS

Truc
Bien enveloppé, ce gâteau au fromage peut se conserver 3 jours au réfrigérateur et jusqu'à 3 mois au congélateur.

1. **Croûte :** Beurrer généreusement le fond et les côtés du moule. Dans un bol, mélanger les gaufrettes écrasées et les pacanes puis en garnir le fond et les côtés du moule. Laisser le surplus de miettes au fond du moule. Bien envelopper l'extérieur du moule de papier d'aluminium. Réserver.

2. Dans un bol, mélanger les zestes de citron et de lime. En couvrir 5 ml (1 c. à thé) et réserver au réfrigérateur.

3. **Garniture :** Dans le robot culinaire, réduire en purée le reste des zestes de citron et de lime, les jus de citron et de lime, le fromage, le sucre et la farine. Dans le robot en marche, incorporer les œufs un par un. Ajouter le yogourt (yaourt) et la vanille. Mélanger le tout 10 secondes ou jusqu'à ce que ce soit lisse, puis verser cette crème dans le moule. Couvrir celui-ci de papier d'aluminium beurré en s'assurant que le moule est bien scellé.

4. Placer la clayette au fond de l'autocuiseur. Verser l'eau. Replier plusieurs fois sur lui-même un morceau de 60 cm (2 pi) de long de papier d'aluminium de manière à en faire une bande dont on se servira pour retirer le moule de la marmite. Centrer la bande sous le moule, en rabattre et en replier ensemble les extrémités pour en faire une poignée solide. Se servir de cette poignée pour placer le moule dans la marmite.

5. Sceller le couvercle et porter la pression à son maximum à feu vif. Réduire le feu à moyen-doux, juste pour garder la pression régulière, et cuire 20 minutes. Retirer du feu et laisser la pression tomber d'elle-même pendant 7 minutes. Évacuer rapidement le reste de la pression. Laisser refroidir un peu le gâteau puis à l'aide de la poignée de papier d'aluminium, retirer le moule de la marmite et le placer sur une grille. Enlever le papier d'aluminium. Le gâteau au fromage devrait être pris sur les côtés mais un peu mou au centre. Si le centre est trop liquide, envelopper de nouveau le moule et remettre le tout à cuire sous haute pression 2 minutes. Retirer du feu et laisser la pression tomber d'elle-

même. Quand le gâteau est bien cuit, enlever le papier d'aluminium. Éponger avec du papier absorbant l'eau qui a pu s'accumuler à la surface du gâteau.
6. **Crème :** Dans un petit bol, mélanger la crème sure et le sucre. Étendre ce mélange sur le gâteau et laisser refroidir à la température ambiante. Mettre le gâteau au réfrigérateur durant 8 heures avant de le servir garni de fruits frais et saupoudré du zeste de citron précédemment mis de côté.

Gâteau au fromage aux chocolats noir et blanc

Pour 6 à 8 convives

Quoi de mieux pour vous mettre l'eau à la bouche qu'un gâteau au fromage aux deux chocolats, le noir et le blanc ? Et puis, pour le rendre encore plus divin, le couvrir, juste au moment de le servir, d'une généreuse portion de crème sure sucrée et de fraises fraîches.

Truc
Bien enveloppé, ce gâteau peut se conserver 3 jours au réfrigérateur et jusqu'à 3 mois au congélateur.

Un moule à charnière de 1,5 ou 2 litres (7 ou 8 po de diamètre) (format plus petit au besoin)
Une clayette ou une grille au fond de la marmite

CROÛTE :

30 ml	de beurre ramolli	2 c. à soupe
50 ml	de miettes de biscuits au chocolat	1/4 de tasse

GARNITURE :

50 g	de chocolat noir semi-sucré, râpé	2 oz
50 g	de chocolat blanc râpé	2 oz
500 g	de fromage à la crème	1 lb
125 ml	de sucre	1/2 tasse
30 ml	de farine tout usage	2 c. à soupe
4	œufs	4
125 ml	de crème sure ou de yogourt (yaourt)	1/2 tasse
2 ml	d'extrait de vanille	1/2 c. à thé
500 ml	d'eau (pour la vapeur)	2 tasses

CRÈME :

125 ml	de crème sure	1/2 tasse
30 ml	de sucre	2 c. à soupe
	Fraises fraîches	

1. **Croûte :** Beurrer généreusement le fond et les côtés du moule. Les garnir des miettes de biscuits. Laisser le surplus des miettes au fond du moule. Bien envelopper l'extérieur du moule de papier d'aluminium. Réserver.
2. **Garniture :** Dans un bol résistant à la chaleur placé dans de l'eau bouillante, faire fondre le chocolat noir et dans un autre bol, le chocolat blanc. Laisser refroidir un peu les chocolats.
3. Dans le robot culinaire, réduire en purée le fromage, le sucre et la farine. Dans le robot en marche, ajouter les œufs un par un. Ajouter la crème sure et la vanille. Mélanger le tout 10 secondes ou jusqu'à ce que ce soit lisse puis répartir également cette pâte dans les deux bols de chocolat. Bien mélanger chaque bol. Verser le mélange au chocolat noir dans le moule puis verser délicatement par-dessus le mélange de chocolat blanc. Couvrir le moule de papier d'aluminium beurré en s'assurant qu'il est bien scellé.
4. Placer la clayette au fond de l'autocuiseur. Verser l'eau. Replier plusieurs fois sur lui-même un morceau de 60 cm (2 pi) de long de papier d'aluminium de manière à en faire une bande dont on se servira pour retirer le moule de la marmite. Centrer la bande sous le moule, en rabattre et en replier ensemble les extrémités pour en faire une poignée solide. Se servir de cette poignée pour placer le moule dans la marmite.
5. Sceller le couvercle et porter la pression à son maximum à feu vif. Réduire le feu à moyen-doux, juste pour garder la pression régulière, et cuire 20 minutes. Retirer du feu et laisser la pression tomber d'elle-même pendant 7 minutes. Évacuer rapidement le reste de la pression. Laisser refroidir un peu le gâteau puis à l'aide de la poignée de papier d'aluminium, retirer le moule de la marmite et le placer sur une grille. Enlever le papier d'aluminium. Le gâteau devrait être pris sur les côtés mais un peu mou au centre. Si le centre est trop liquide, envelopper de nouveau le moule et remettre le tout à cuire 2 minutes sous haute

pression. Retirer du feu et laisser la pression tomber d'elle-même. Quand le gâteau est bien cuit, enlever le papier d'aluminium. Éponger avec du papier absorbant l'eau qui a pu s'accumuler à la surface du gâteau.

6. **Crème :** Dans un petit bol, mélanger la crème sure et le sucre. Étendre le mélange sur le gâteau. Laisser refroidir à la température ambiante. Mettre le gâteau au réfrigérateur durant 8 heures avant de le servir garni de fraises fraîches.

Gâteau au fromage au café et à l'orange

POUR 6 À 8 CONVIVES

Cela m'étonne toujours de voir comment un gâteau au fromage cuit mieux à l'autocuiseur qu'au four conventionnel. En fait, ce sont la haute température et la vapeur de l'autocuiseur qui en font un gâteau beaucoup plus crémeux et dont la croûte est plus mince (donc beaucoup moins grasse).

Truc
Bien enveloppé, ce gâteau peut se conserver 3 jours au réfrigérateur et 3 mois au congélateur.

Un moule à charnière de 1,5 ou 2 litres (7 ou 8 po de diamètre) (format plus petit au besoin)

Une clayette ou une grille au fond de l'autocuiseur

CROÛTE :

45 ml	de beurre ramolli	3 c. à soupe
75 ml	de miettes de biscuits Graham	1/3 de tasse

GARNITURE :

	Le zeste et le jus d'une grosse orange (125 ml / 1/2 tasse)	
500 g	de fromage à la crème	1 lb
250 ml	de sucre	1 tasse
45 ml	de farine tout usage	3 c. à soupe
30 ml	d'espresso instantané	2 c. à soupe
50 ml	d'eau tiède	1/4 de tasse
1 ml	de clou de girofle moulu	1/4 de c. à thé
2 ml	de cannelle moulue	1/2 c. à thé
30 ml	de Grand Marnier (ou de cognac, ou de triple-sec)	2 c. à soupe
4	œufs	4
500 ml	d'eau (pour la vapeur)	2 tasses

CRÈME :

125 ml	de crème sure	1/2 tasse
30 ml	de sucre	2 c. à soupe

DESSERTS

15 ml	**de Grand Marnier ou de triple-sec**	**1 c. à soupe**
	Quartiers d'orange pelés pour garnir	

1. **Croûte :** Beurrer généreusement le fond et les côtés du moule. Les garnir de miettes de biscuits Graham. Laisser le surplus des miettes au fond du moule. Bien envelopper l'extérieur du moule de papier d'aluminium. Réserver.
2. **Garniture :** Envelopper 5 ml (1 c. à thé) de zeste d'orange et mettre au réfrigérateur. Dans un petit bol, dissoudre le café instantané dans l'eau tiède.
3. Dans le robot culinaire, réduire en purée le reste du zeste, le jus d'orange, le fromage à la crème, le sucre et la farine. Incorporer le café, le girofle, la cannelle et l'alcool puis, le robot toujours en marche, ajouter les œufs un par un. Mélanger le tout 10 secondes ou jusqu'à ce que ce soit lisse. Verser le mélange dans le moule puis couvrir celui-ci de papier d'aluminium beurré en s'assurant que le moule est bien scellé.
4. Placer la clayette au fond de l'autocuiseur. Verser l'eau. Replier plusieurs fois sur lui-même un morceau de 60 cm (2 pi) de long de papier d'aluminium de manière à en faire une bande dont on se servira pour retirer le moule de la marmite. Centrer la bande sous le moule, en rabattre et en replier ensemble les extrémités pour en faire une poignée solide. Se servir de cette poignée pour placer le moule dans la marmite.
5. Sceller le couvercle et porter la pression à son maximum à feu vif. Réduire le feu à moyen-doux, juste pour garder la pression régulière, et cuire 20 minutes. Retirer du feu et laisser la pression tomber d'elle-même pendant 7 minutes. Évacuer rapidement le reste de la pression. Laisser refroidir un peu le gâteau puis à l'aide de la poignée de papier d'aluminium, retirer le moule de la marmite et le placer sur une grille. Enlever le papier d'aluminium. Le gâteau devrait être pris sur les côtés mais un peu mou au centre. Si le centre est trop liquide, envelopper de

nouveau le moule et remettre le tout à cuire 2 minutes sous haute pression. Retirer du feu et laisser la pression tomber d'elle-même. Quand le gâteau est bien cuit, enlever le papier d'aluminium. Éponger avec du papier absorbant l'eau qui a pu s'accumuler à la surface du gâteau.

6. **Crème :** Dans un petit bol, mélanger la crème sure et le sucre. Étendre ce mélange sur le gâteau. Laisser refroidir à la température ambiante. Réfrigérer le gâteau 8 heures avant de le servir garni de quartiers d'orange et du zeste d'orange précédemment réservé.

Pouding aux abricots à la sauce au cognac

POUR 8 À 10 CONVIVES

Les fruits d'hiver séchés et le cognac donnent une saveur unique — et réconfortante — à ce capiteux dessert. Cuisez-le dans un plat à soufflé de 1,5 ou 2 litres (6 ou 8 tasses) qui s'ajuste bien à votre marmite.

Plat à soufflé de 1,5 ou 2 litres (6 ou 8 tasses) (format plus petit au besoin)
Clayette ou grille au fond de l'autocuiseur

POUDING :

125 ml	d'abricots séchés coupés en lanières	1/2 tasse
125 ml	de raisins secs	1/2 tasse
125 ml	d'amandes en julienne	1/2 tasse
125 ml	de pacanes rôties	1/2 tasse
50 ml	de zeste d'orange confit coupé en petits dés	1/4 de tasse
125 ml	de beurre fondu	1/2 tasse
1	gros pain blanc compact, tranché (sans la croûte)	1

CASSONADE :

4	œufs	4
175 ml	de sucre	3/4 de tasse
2 ml	de muscade moulue	1/2 c. à thé
5 ml	de cannelle moulue	1 c. à thé
250 ml	de lait	1 tasse
30 ml	de cognac ou de rhum	2 c. à soupe
15 ml	d'extrait de vanille	1 c. à soupe

SAUCE AU COGNAC :

250 ml	de crème à fouetter	1 tasse
125 ml	de lait 2 %	1/2 tasse

1 ml	d'extrait de vanille	1/4 de c. à thé
50 ml	de sucre	1/4 de tasse
Pincée	de sel	Pincée
3	jaunes d'œufs	3
125 ml	de cognac	1/2 tasse

1. **Pouding :** Dans un bol, mélanger les abricots, les raisins, les amandes, les pacanes et le zeste d'orange. Réserver.
2. Enduire le fond et les côtés du plat à soufflé de beurre fondu ; saupoudrer ensuite de cassonade de manière à couvrir tout l'intérieur du plat. Placer 1/3 des tranches de pain dans le moule et les couvrir de la moitié du mélange de fruits. Arroser avec un peu de beurre fondu puis répéter l'opération (pain — fruits — beurre puis pain de nouveau).
3. Dans un autre bol, battre les œufs puis ajouter le sucre, la muscade, la cannelle, le lait, le cognac et la vanille. Bien mélanger puis verser lentement dans le plat à soufflé en pressant le pain pour s'assurer qu'il absorbe bien le liquide. Laisser reposer au réfrigérateur 15 minutes. Couvrir ensuite le plat de papier d'aluminium beurré en s'assurant qu'il est bien scellé.
4. Placer la clayette au fond de l'autocuiseur. Replier plusieurs fois sur lui-même un morceau de 60 cm (2 pi) de long de papier d'aluminium de manière à en faire une bande dont on se servira pour retirer le plat de la marmite. Centrer la bande sous le plat, en rabattre et en replier ensemble les extrémités pour en faire une poignée solide. Se servir de cette poignée pour placer le plat dans la marmite. Verser de l'eau jusqu'à mi-hauteur du plat à soufflé.
5. Sceller le couvercle et porter la pression au maximum à feu vif. Réduire le feu à moyen-doux, juste pour garder la pression régulière, et cuire 45 minutes. Retirer du feu et vite faire tomber la pression. À l'aide de la poignée de papier d'aluminium, retirer le moule de la marmite et le

placer sur une grille. Enlever le papier d'aluminium. Le pouding devrait être pris (on peut s'en assurer en piquant un cure-dent au centre du plat; si le cure-dent en ressort propre, le pouding est cuit). Sinon, le remettre à cuire sous haute pression 2 minutes. Retirer du feu et vite faire tomber la pression. Enlever le papier d'aluminium et servir le pouding chaud ou le laisser refroidir sur une grille. On peut aussi le couvrir et le réfrigérer.

6. **Sauce au cognac:** Dans la partie supérieure d'un bain-marie (à demi rempli d'eau), mélanger la crème, le lait et la vanille, et les amener à ébullition. Dans un bol, bien battre ensemble le sucre, le sel et les jaunes d'œufs et y incorporer au fouet un peu du mélange à la crème chaud. Puis verser peu à peu, en fouettant, le mélange aux œufs dans le bain-marie. Laisser mijoter la sauce à feu moyen, sans cesser de remuer, jusqu'à ce qu'elle épaississe. Retirer du feu puis réfrigérer. Incorporer ensuite le cognac.

7. Réchauffer le pouding au micro-ondes ou à la vapeur. Servir le pouding nappé de sauce au cognac.

Crème caramel au lait de coco

Pour 8 convives

Cette variante d'un dessert traditionnel clôt à merveille un repas sichuanais ou thaïlandais. Servez-la avec des tranches de mangue, de papaye ou de carambole ou un filet de coulis de fruits de la passion.

	Plat à soufflé d'une capacité de 1,5 litre	
	(6 tasses) (format plus petit au besoin)	
	Clayette ou grille au fond de l'autocuiseur	
250 ml	de sucre	1 tasse
550 ml	d'eau	2 1/4 tasses
250 ml	de lait	1 tasse
400 ml	de lait de coco	14 oz
300 ml	de lait concentré sucré faible en gras	10 oz
2 ml	d'extrait de vanille	1/2 c. à thé
3	œufs	3
2	jaunes d'œufs	2
	Tranches de papaye, mangue, etc. pour garnir	

1. Dans une casserole, mélanger le sucre et 50 ml (1/4 de tasse) d'eau. Amener à ébullition, sans remuer, à feu moyen-vif. Poursuivre la cuisson 7 minutes, jusqu'à ce que le mélange soit d'un beau brun doré, en faisant souvent tourner la poêle pour empêcher la sauce de brûler. Verser délicatement la sauce dans le plat à soufflé de manière à bien en enduire le fond et les côtés. Réserver.
2. Dans une autre casserole, mélanger le lait, le lait de coco et le lait concentré. Faire chauffer à feu moyen jusqu'à ce que le mélange commence à former des bulles. Incorporer la vanille. Dans un bol, battre les œufs entiers et les jaunes d'œufs. Incorporer un peu de lait chaud aux œufs puis verser petit à petit le mélange œufs-lait dans la casserole. Laisser mijoter et épaissir le tout, en remuant sans cesse, 4 minutes environ. Ne pas faire bouillir le mélange. Verser dans le plat à soufflé

Truc

Si vous désirez faire des entremets individuels, utilisez 8 petits ramequins d'une capacité de 125 ml (1/2 tasse) chacun ; enveloppez bien chacun dans du papier d'aluminium et placez-les sur la clayette ou dans le panier à étuver de votre autocuiseur. Laissez la pression tomber d'elle-même après une cuisson de 12 minutes, puis réfrigérez les crèmes plusieurs heures avant de les servir, telles quelles ou renversées dans des assiettes à dessert, sans oublier de les garnir de fruits ou de coulis.

puis couvrir celui-ci de papier d'aluminium de manière à bien le sceller.

3. Installer la clayette au fond de l'autocuiseur. Verser le reste de l'eau (500 ml / 2 tasses). Replier plusieurs fois sur lui-même un morceau de 60 cm (2 pi) de long de papier d'aluminium de manière à en faire une bande dont on se servira pour retirer le plat de la marmite. Centrer la bande sous le plat, en rabattre et en replier ensemble les extrémités pour en faire une poignée solide. Se servir de cette poignée pour placer le plat dans la marmite.

4. Sceller le couvercle et porter la pression au maximum à feu vif. Réduire le feu à moyen-doux, juste pour garder la pression régulière, et cuire 30 minutes. Retirer du feu et laisser la pression tomber d'elle-même. À l'aide de la poignée de papier d'aluminium, retirer le moule de la marmite et le placer sur une grille. Enlever le papier d'aluminium. La crème renversée devrait être complètement prise. Si le centre en est liquide, recouvrir le moule de papier d'aluminium et le remettre à cuire 2 minutes sous haute pression. Retirer du feu et laisser la pression tomber d'elle-même. Une fois la crème renversée cuite, enlever le papier d'aluminium.

5. Laisser refroidir à la température ambiante puis couvrir le plat d'une feuille de plastique et réfrigérer 12 heures au moins (mais pas plus de 24 heures). Au moment de servir, glisser un couteau coupant sur le pourtour du pouding pour qu'il se détache bien du moule. Renverser le pouding dans une assiette assez profonde et le servir en quartiers garnis de fruits frais.

Crème renversée au citron et compote de petits fruits

POUR 6 CONVIVES

Vous pouvez aussi préparer ce pouding dans un plat à soufflé à côtés droits d'une capacité de 1,25 litre (5 tasses). Si vous vous servez d'un moule plus grand, faites cuire le pouding 20 minutes (au lieu de 12, tel qu'indiqué dans la recette). Évitez de faire cuire des canneberges dans un ancien modèle d'autocuiseur!

	6 ramequins d'une capacité de 125 ml (1/2 tasse)	
	Clayette ou grille au fond de l'autocuiseur	
125 ml	de sucre	1/2 tasse
15 ml	de fécule de maïs	1 c. à soupe
625 ml	de lait ou de crème	2 1/2 tasses
2	œufs	2
2	jaunes d'œufs	2
	Le zeste finement râpé d'1 citron	
50 ml	de jus de citron frais	1/4 de tasse
500 ml	d'eau (pour la vapeur)	2 tasses
	Sucre glace (facultatif)	

COMPOTE DE FRUITS :

125 ml	de sucre	1/2 tasse
50 ml	d'eau	1/4 de tasse
250 ml	de fruits mélangés (bleuets (myrtilles), framboises, canneberges...)	1 tasse
30 ml	de cognac ou de liqueur d'orange	2 c. à soupe

1. Dans un bol, mélanger le sucre, la fécule, le lait, les œufs et les jaunes d'œufs, le zeste et le jus de citron. Bien battre puis verser le mélange dans les ramequins. Couvrir chacun de papier d'aluminium de manière à bien sceller.
2. Placer la clayette ou la grille au fond de l'autocuiseur. Disposer les ramequins dessus. Sceller le couvercle et porter la pression au maximum à feu vif. Réduire le feu à moyen-doux, juste pour garder la

pression régulière, et cuire 12 minutes (voir ci-contre). Retirer du feu et vite faire tomber la pression. Retirer les ramequins puis les placer sur une grille. Enlever le papier d'aluminium et laisser refroidir à la température ambiante. Réfrigérer les ramequins toute la nuit.

3. **Compote de fruits :** Dans une casserole, mélanger le sucre et l'eau puis amener à ébullition à feu moyen. Ajouter les fruits et les cuire jusqu'à ce qu'ils commencent à se désagréger. (Attention aux canneberges qui éclatent!) Retirer du feu, ajouter le cognac et laisser refroidir.

4. Glisser un couteau coupant sur le pourtour des poudings et les renverser sur des assiettes à dessert. Couvrir de compote et saupoudrer d'un soupçon de sucre glace (au goût).

Gâteau au citron et aux graines de pavot

POUR 8 CONVIVES

Jamais vous ne trouverez de gâteau aux graines de pavot plus fondant que celui-ci. Comme un quatre-quarts, ce gâteau est encore meilleur si, après l'avoir bien enveloppé, vous le servez 2 ou 3 jours après l'avoir cuit.

Pour qu'il lève bien, ce gâteau doit être cuit en utilisant le niveau le plus bas de pression de l'autocuiseur (8 psi) (temps de cuisson plus long, voir p. 16).

	Plat à soufflé d'une capacité de 1 litre (4 tasses) beurré et enfariné	
	Clayette ou grille au fond de l'autocuiseur	
125 ml	de beurre ramolli	1/2 tasse
250 ml	de sucre	1 tasse
2	œufs (blancs et jaunes séparés)	2
5 ml	d'extrait de vanille	1 c. à thé
	Le zeste de 2 citrons	
	Le jus de 2 citrons	
300 ml	de farine tout usage	1 1/4 tasse
5 ml	de bicarbonate de soude	1 c. à thé
5 ml	de levure chimique (poudre à lever)	1 c. à thé
2 ml	de sel	1/2 c. à thé
175 ml	de lait	2/3 de tasse
75 ml	de graines de pavot	1/3 de tasse
500 ml	d'eau (pour la vapeur)	2 tasses

GLAÇAGE :

125 ml	de sucre glace	1/2 tasse

1. Dans un bol, mélanger le sucre et le beurre au mixeur jusqu'à ce que le mélange devienne mousseux. Incorporer ensuite les jaunes d'œufs et la vanille puis la moitié du zeste et du jus de citron.
2. Dans un autre bol, mélanger la farine, le bicarbonate, la levure chimique et le sel. Ajouter ces ingrédients secs au mélange de beurre en trois fois

en alternant avec le lait. Bien battre le mélange à chaque fois. Incorporer ensuite les graines de pavot à la pâte.
3. Dans un bol, battre les blancs d'œufs en neige ferme puis les plier dans le premier mélange. Verser le tout dans le plat préparé puis couvrir celui-ci de papier d'aluminium en s'assurant qu'il est bien scellé.
4. Placer la clayette ou la grille au fond de l'autocuiseur. Replier plusieurs fois sur lui-même un morceau de 60 cm (2 pi) de long de papier d'aluminium de manière à en faire une bande dont on se servira pour retirer le plat de la marmite. Centrer la bande sous le plat, en rabattre et en replier ensemble les extrémités pour en faire une poignée solide. Se servir de cette poignée pour placer le plat dans la marmite.
5. Sceller le couvercle et porter la pression au maximum à feu vif. Réduire le feu à moyen-doux, juste pour garder la pression régulière, et cuire 40 minutes (ou 20 minutes sous pleine pression). Retirer du feu et laisser la pression tomber d'elle-même. À l'aide de la poignée de papier d'aluminium, retirer le plat de la marmite et le placer sur une grille. Enlever le papier d'aluminium et laisser refroidir complètement.
6. **Glaçage :** Mélanger le reste du zeste et du jus de citron et le sucre glace. Au moment de servir, renverser le gâteau dans une assiette de service et le napper de glaçage.

Poires pochées au vin rouge épicé

POUR 6 CONVIVES

Vous pouvez servir ce dessert d'automne, simple mais délicieux, chaud ou froid avec quelques cuillerées de yogourt (yaourt) au citron. Assurez-vous d'utiliser des poires pas trop mûres pour obtenir les résultats escomptés.

Truc
Choisissez un vin rouge léger de qualité pour cette recette, soit un beaujolais, un grenache, un pinot noir ou un chianti novello.

6	poires pas trop mûres (Bosc ou Comice)	6
1	citron	1
125 ml	de sucre	1/2 tasse
3	clous de girofle entiers	3
1	bâton de cannelle	1
500 ml	de vin rouge léger	2 tasses
	Yogourt (yaourt) au citron (en accompagnement)	
	Feuilles de menthe fraîche pour garnir	

1. Peler les poires puis les évider par en dessous à l'aide d'un vide-pomme ou d'une cuiller parisienne en les laissant entières, queues y compris. Couper une mince tranche à la base des poires de manière à ce qu'elles restent debout. À l'aide d'un couteau, prélever le zeste de citron en larges lanières. Réserver le citron pour un autre usage.

2. Dans l'autocuiseur, mélanger le zeste, le sucre, le girofle, la cannelle et le vin. Laisser mijoter le tout à feu moyen jusqu'à dissolution du sucre. Placer les poires debout dans le vin.

3. Sceller le couvercle et porter la pression au maximum à feu vif. Réduire le feu à moyen-doux, juste pour garder la pression régulière, et cuire 4 minutes. Retirer du feu et vite faire tomber la pression.

4. Enlever le couvercle et laisser les poires refroidir dans le vin. À l'aide d'une cuiller à égoutter, retirer délicatement les poires de la marmite puis les placer dans un plat peu profond. Cuire le vin épicé à feu vif, jusqu'à ce qu'il forme un sirop épais et brillant. Napper les poires de sirop et laisser refroidir un peu (ou réfrigérer toute la nuit).

5. Servir les poires entières ou coupées en quatre dans le sens de la

hauteur jusqu'à la queue et placées en éventail dans les assiettes à dessert. Napper de sirop. Si on les sert froides, les garnir de yogourt (yaourt) au citron et d'une feuille de menthe.

Compote de fruits d'hiver

Pour 4 à 6 convives

Servez ce dessert sain et léger nappé de yogourt (yaourt) au citron ou de crème fraîche (voir p. 92). On peut aussi le servir sur un généreux morceau de quatre-quarts.

3	pommes à cuire à chair ferme	3
3	poires à chair ferme (Bosc ou Bartlett)	3
1	orange sans pépins	1
250 ml	de jus de pomme	1 tasse
250 ml	de vin blanc sec	1 tasse
30 ml	de miel de sarrasin (ou d'un autre miel foncé)	2 c. à soupe
1	bâton de cannelle	1
1 ml	de muscade moulue	1/4 de c. à thé
	Le zeste d'1 citron, finement haché	
125 ml	de canneberges ou de cerises séchées	1/2 tasse
125 ml	de yogourt (yaourt) à la vanille ou au citron	1/2 tasse
	Cannelle moulue (à saupoudrer)	

1. Peler et enlever le trognon des pommes et des poires puis les couper en tranches. Réserver. Enlever le zeste de l'orange puis le hacher finement. Réserver. Enlever la peau intérieure de l'orange puis libérer la pulpe des quartiers, la mettre dans un bol, couvrir et réfrigérer.
2. Dans l'autocuiseur, mélanger le jus de pommes, le vin, le miel, la cannelle et la muscade. Amener à ébullition puis réduire le feu et laisser mijoter 1 minute. Ajouter les pommes, les poires, les zestes d'orange et de citron.
3. Sceller le couvercle et porter la pression au maximum à feu vif. Réduire le feu à moyen-doux, juste pour garder la pression régulière, et cuire 1 minute. Retirer du feu et vite faire tomber la pression.
4. À l'aide d'une cuiller à égoutter, placer les fruits dans un bol. Amener le

sirop à ébullition puis le faire épaissir. Le verser sur les fruits. Incorporer les canneberges séchées. Couvrir et réfrigérer toute la nuit. Juste avant de servir, incorporer la pulpe d'orange aux fruits. Servir chaque portion de compote garnie de yogourt ou de crème fraîche (voir p. 92) et saupoudrée d'un soupçon de cannelle.

Plum pudding

Pour 8 à 10 convives

Vous pouvez vous servir d'un plat résistant à la chaleur d'une capacité de 1,5 litre (6 tasses) ou d'un moule à pouding qui s'ajuste bien à votre autocuiseur pour donner sa forme classique au plum pudding mais celui-ci cuira mieux dans un moule à charnière de 1,5 ou 2 litres (7 ou 8 po de diamètre).

Même si on peut manger ce pouding le jour même de sa préparation, il est de loin préférable de le garder 2 à 4 semaines au réfrigérateur, enveloppé dans plusieurs épaisseurs de mousseline imbibées de cognac. Il suffira alors de le cuire à la vapeur 10 minutes dans l'autocuiseur ou de le réchauffer au micro-ondes.

	Moule à charnière ou plat résistant à la chaleur de 1,5 à 2 litres (7 ou 8 po de diamètre) (format plus petit au besoin)	
	Clayette ou grille au fond de l'autocuiseur	
500 ml	de raisins de Corinthe	2 tasses
250 ml	de raisins secs foncés	1 tasse
250 ml	de canneberges séchées	1 tasse
250 ml	d'écorces de citron (ou de cédrat) confites, hachées	1 tasse
125 ml	de cognac ou de rhum	1/2 tasse
375 ml	de farine tout usage	1 1/2 tasse
250 ml	de chapelure	1 tasse
125 ml	de pacanes hachées	1/2 tasse
15 ml	de gingembre confit haché	1 c. à soupe
5 ml	de bicarbonate de soude	1 c. à thé
5 ml	de cannelle moulue	1 c. à thé
2 ml	de sel	1/2 c. à thé
1 ml	de muscade moulue	1/4 de c. à thé
1 ml	de clou de girofle moulu	1/4 de c. à thé
175 ml	de beurre, très froid ou partiellement congelé	3/4 de tasse
250 ml	de cassonade bien tassée	1 tasse
3	œufs	3
750 ml	d'eau (pour la vapeur)	3 tasses

SAUCE AU COGNAC :

250 ml	de cassonade bien tassée	1 tasse
250 ml	de crème à fouetter	1 tasse
50 ml	de beurre	1/4 de tasse
50 ml	de cognac ou de rhum	1/4 de tasse

1. Dans un bol, mélanger les raisins de Corinthe, les raisins foncés, les canneberges, les écorces de citron et le cognac. Couvrir et laisser reposer 8 heures à la température ambiante.

2. Dans un grand bol, mélanger la farine, la chapelure, les pacanes, le gingembre confit, le bicarbonate, le sel et les épices. À l'aide d'une râpe à fromage, râper le beurre dans le mélange puis ajouter les fruits marinés. Bien mélanger le tout avec les mains. Dans un grand bol, battre les œufs avec la cassonade puis leur ajouter le premier mélange. Mélanger de nouveau avec les mains.

3. Envelopper la base du moule de papier d'aluminium et bien presser le mélange dans le moule pour en éliminer les poches d'air. Couvrir le moule de papier d'aluminium beurré en s'assurant qu'il est bien scellé. Ficeler le papier d'aluminium de manière à ce qu'il reste bien en place.

4. Replier plusieurs fois sur lui-même un morceau de 60 cm (2 pi) de long de papier d'aluminium de manière à en faire une bande dont on se servira pour retirer le moule de la marmite. Centrer la bande sous le moule, en rabattre et en replier ensemble les extrémités pour en faire une poignée solide. Se servir de cette poignée pour placer le moule dans l'autocuiseur.

5. Sceller le couvercle et porter la pression au maximum à feu vif. Réduire le feu à moyen-doux, juste pour garder la pression régulière, et cuire 1 heure. Retirer du feu et laisser la pression tomber d'elle-même. À l'aide de la poignée de papier d'aluminium, retirer le moule de la marmite et le placer sur une grille. Enlever le papier d'aluminium et

laisser refroidir 15 minutes. Glisser un couteau coupant sur le pourtour du pouding puis démouler celui-ci dans une assiette. Laisser tiédir.

6. **Sauce au cognac:** Dans une casserole, à feu moyen-doux, mélanger la cassonade, la crème, le beurre et le cognac. Laisser mijoter, en remuant le tout, 10 minutes ou jusqu'à ce que la sauce adhère à la cuiller. Napper le pouding de cette sauce chaude.

Photographies: Loup de mer braisé à la provençale (p. 134)
Gâteau au fromage au citron et à la lime (p. 192)
Pouding aux abricots à la sauce au cognac (p. 201)
Confiture aux cinq fruits (p. 227)

DESSERTS

Pouding au chocolat et crème anglaise à la vanille

POUR 6 CONVIVES

Une fois cuit, ce pouding au chocolat a quelque chose d'un gros brownie dodu et appétissant. Servez-le chaud et couvert de crème anglaise ou avec du yogourt (yaourt) à la vanille glacé.

Pour vous assurer que le pouding aura la texture d'un gâteau, il est préférable de le cuire dans un autocuiseur à deux niveaux de pression. Le niveau le plus bas (8 psi) exige plus de temps de cuisson mais permet au pouding de mieux lever. Sous trop haute pression, les poudings cuits à la vapeur restent compacts. Même s'ils sont aussi bons ainsi, je leur préfère les poudings plus légers cuits sous basse pression.

	Moule à pouding ou plat à soufflé d'une capacité de 1 litre (4 tasses) beurré et enfariné (format plus petit au besoin)	
	Clayette ou grille au fond de l'autocuiseur	
75 g	de chocolat mi-amer râpé	3 oz
125 ml	de beurre ramolli	1/2 tasse
175 ml	de sucre	3/4 de tasse
2	œufs (jaunes et blancs séparés)	2
5 ml	d'extrait de vanille	1 c. à thé
250 ml	de farine tout usage	1 tasse
5 ml	de levure chimique (poudre à lever)	1 c. à thé
5 ml	de bicarbonate de soude	1 c. à thé
Pincée	de sel	Pincée
150 ml	de lait	2/3 de tasse
500 ml	d'eau (pour la vapeur)	2 tasses

CRÈME ANGLAISE :

175 ml	de sucre glace	3/4 de tasse
5 ml	de fécule de maïs	1 c. à thé
2	jaunes d'œufs	2
30 ml	de beurre non salé, ramolli	2 c. à soupe
250 ml	de lait	1 tasse
10 ml	d'extrait de vanille (ou de rhum, ou de Kalhua)	2 c. à thé
250 ml	de crème à fouetter	1 tasse

1. Dans un plat résistant à la chaleur placé au-dessus d'eau chaude (non bouillante), faire fondre le chocolat. Réserver. Dans un grand bol, mélanger le beurre et le sucre avec un mixeur jusqu'à ce qu'ils deviennent mousseux. Incorporer ensuite les jaunes d'œufs et la vanille.
2. Mélanger à part la farine, la poudre à lever, le bicarbonate et le sel. Ajouter ces ingrédients secs au mélange de beurre en trois fois, en alternant avec le lait. Bien battre le mélange à chaque fois puis y incorporer le chocolat fondu.
3. Dans un autre bol, battre les blancs d'œufs en neige ferme puis les plier dans le premier mélange. Verser le tout dans le moule préparé. Couvrir le moule de papier d'aluminium.
4. Placer la clayette ou la grille au fond de l'autocuiseur. Replier plusieurs fois sur lui-même un morceau de 60 cm (2 pi) de long de papier d'aluminium de manière à en faire une bande dont on se servira pour retirer le plat de la marmite. Centrer la bande sous le plat, en rabattre et en replier ensemble les extrémités pour en faire une poignée solide. Se servir de cette poignée pour placer le plat dans la marmite.
5. Sceller le couvercle et porter la pression au maximum à feu vif. Réduire le feu à moyen-doux, juste pour garder la pression régulière, et cuire 40 minutes (ou cuire 20 minutes sous pleine pression). Retirer du feu et laisser la pression tomber d'elle-même, 8 à 10 minutes. Évacuer le reste de la pression rapidement. À l'aide de la poignée de papier d'aluminium, retirer le moule de la marmite et le placer sur une grille. Enlever le papier d'aluminium puis laisser refroidir 30 minutes. Glisser un couteau coupant sur le pourtour du pouding puis le démouler à l'envers dans une assiette.
6. **Crème anglaise à la vanille:** Dans un bol, battre ensemble le sucre, la fécule, les jaunes d'œufs et le beurre. Chauffer le lait au bain-marie jusqu'à ce qu'il commence à fumer. Incorporer un peu de lait chaud au premier mélange puis incorporer le mélange lui-même au lait, petit à

petit. Laisser mijoter très doucement le tout, en remuant constamment, jusqu'à ce que la sauce adhère à la cuiller. (Attention! si la sauce bout, elle tournera.) Retirer du feu et incorporer la vanille. Battre le mélange 5 minutes pour le faire refroidir puis plier la crème fouettée dans le mélange. Garder la crème renversée au réfrigérateur.

Pouding au riz et aux canneberges séchées

Pour 4 à 6 convives

Comme nous l'avons vu, l'autocuiseur se prête à merveille à la préparation des risottos. Voici une variante sucrée de ce plat au riz qui, enrichi de lait et de fruits séchés, constitue un dessert sain et savoureux. Ne vous en faites pas si le pouding est encore liquide quand vous le sortirez de la marmite : le riz absorbera le surplus de liquide en refroidissant.

250 ml	de riz à grains courts (arborio ou autre)	1 tasse
30 ml	de beurre	2 c. à soupe
500 ml	d'eau	2 tasses
400 ml	de lait évaporé à 2 %	14 oz
2 ml	de cannelle moulue	1/2 c. à thé
1 ml	de muscade fraîchement râpée	1/4 de c. à thé
125 ml	de canneberges (ou de cerises) séchées ou de raisins secs	1/2 tasse
125 ml	de lait concentré sucré faible en gras	1/2 tasse
5 ml	d'extrait de vanille	1 c. à thé

1. Dans l'autocuiseur, faire fondre le beurre à feu moyen. Y incorporer le riz en l'enduisant bien de gras. Incorporer l'eau, le lait évaporé, la cannelle et la muscade. Porter le tout à ébullition à feu moyen, en remuant constamment de manière à ce que le lait ne brûle pas.

2. Sceller le couvercle et porter la pression au maximum à feu vif. Réduire le feu à moyen-doux, juste pour garder la pression régulière, et cuire 6 à 7 minutes. Retirer du feu et laisser la pression tomber d'elle-même pendant 7 minutes environ. Enlever le couvercle.

3. Incorporer les canneberges, le lait concentré et la vanille puis couvrir, sans sceller le couvercle et laisser reposer, 5 minutes. Répartir le pouding dans des bols individuels et servir chaud. On peut aussi couvrir le pouding, le réfrigérer puis le servir froid.

Confitures et chutneys

221

Mode de préparation des confitures et des chutneys

L'autocuiseur accélère la préparation des confitures de deux manières : tout d'abord, il réduit rapidement les fruits en purée ; ensuite, il parfume les fruits des épices entières qu'on y a mises. Dans la plupart des recettes, la cuisson sous pression requiert de 50 à 70 % moins de temps que d'habitude.

Ce qu'il faut garder en tête avant tout quand on veut faire une confiture ou un chutney, c'est qu'il ne faut jamais remplir la marmite à plus de la moitié de sa capacité.

Commencez par préparer votre confiture de fruits de la manière habituelle en laissant ensuite reposer les fruits et le sucre une heure au moins avant la cuisson de manière à en faire sortir tout le jus. Amenez ensuite les fruits et le sucre à ébullition avant de sceller le couvercle et de mettre la marmite sous pression.

Pour les confitures que vous voulez faire prendre en gelée, faites cuire les ingrédients 8 minutes sous pression puis laissez la pression tomber d'elle-même. Enlevez alors le couvercle et faites cuire, à feu assez vif, de 2 à 5 minutes ou plus, jusqu'à ce qu'une petite cuillerée de confiture placée sur une assiette très froide prenne aussitôt en gelée. Certains mélanges exigent jusqu'à 20 minutes de cuisson (si vous désirez obtenir une gelée très ferme). À vous de décider.

Les recettes présentées ici ont été calibrées en fonction de petites quantités de confitures et de chutneys. On peut les garder 3 jours au réfrigérateur ou jusqu'à 1 mois au congélateur. On peut aussi les conserver plus longtemps en procédant de la manière classique.

Pour savoir comment faire des confitures, marinades et chutneys qui se conservent longtemps, consultez les deux excellents petits livres de la

CONFITURES ET CHUTNEYS

Mère Michel : *Le grand livre des confitures* et *Le grand livre des marinades* (Guy Saint-Jean éditeur) où vous trouverez tout ce qu'il faut savoir sur le sujet.

Confiture de fraises

DONNE 1 LITRE
(4 TASSES) DE CONFITURE

La cuisson en autocuiseur se fait si vite que la belle couleur des fraises en est préservée. Si votre autocuiseur a une capacité de 6 litres (5 pintes), vous pouvez doubler les quantités indiquées dans la recette.

1 litre	de fraises de grosseur moyenne parées, et coupées en deux	4 tasses
750 ml	de sucre	3 tasses
	Le jus d'1 citron	

1. Dans l'autocuiseur, mélanger les fraises et le sucre. Laisser reposer 30 à 60 minutes pour que les fruits rendent leur jus. À l'aide d'un pilon, écraser le mélange en vous assurant que tout le sucre est fondu. Incorporer le jus de citron puis amener à ébullition.
2. Sceller le couvercle et porter la pression au maximum à feu vif. Réduire le feu à moyen-doux, juste pour garder la pression régulière, et cuire 7 minutes. Retirer du feu et laisser la pression tomber d'elle-même.
3. Enlever le couvercle. Amener à ébullition à feu vif puis cuire la confiture, à découvert, 3 minutes ou jusqu'à ce qu'un peu de confiture placée sur une assiette très froide tourne en gelée. Enlever l'écume qui a pu se former dans la marmite puis verser la confiture dans des pots stérilisés chauds en laissant 1 cm (1/2 po) d'espace de tête. Sceller les bocaux. Cette confiture se conserve 1 semaine au réfrigérateur et jusqu'à 1 mois au congélateur.

CONFITURES ET CHUTNEYS

Confiture d'abricots

Donne 1,5 à 1,75 litre
(6 à 7 tasses) de confiture

1,5 litre	d'abricots parés et coupés en deux	6 tasses
1	grosse orange sans noyaux, pelée	1
125 ml	d'eau ou de jus de pomme	1/2 tasse
1,5 litre	de sucre	6 tasses

Cette recette donne une confiture onctueuse et juste assez liquide pour qu'on puisse s'en servir comme glaçage sur une tarte aux fruits ou avec un autre dessert. Si vous désirez obtenir une confiture avec de gros morceaux dedans, ne passez qu'une partie des fruits dans le robot culinaire.

1. Dans un robot culinaire, hacher les abricots et l'orange avec l'eau. Verser, par petites quantités, si nécessaire, le mélange dans l'autocuiseur. Incorporer le sucre et laisser reposer 30 minutes. Amener à ébullition et remuer jusqu'à ce que le sucre soit dissous.

2. Sceller le couvercle et porter la pression au maximum à feu vif. Réduire le feu à moyen-doux, juste pour garder la pression régulière, et cuire 8 minutes. Retirer du feu et laisser la pression tomber d'elle-même.

3. Enlever le couvercle. Amener à ébullition à feu vif puis cuire, à découvert, 3 minutes ou jusqu'à ce que la confiture se gélifie (voir p. 222). Enlever l'écume qui s'est formée à la surface de la confiture puis verser celle-ci dans des pots stérilisés chauds en laissant 1 cm (1/2 po) d'espace de tête. Sceller les pots. Cette confiture se garde 1 semaine au réfrigérateur et jusqu'à 1 mois au congélateur.

Confiture d'abricots séchés

Donne 1,75 litre
(7 tasses) de confiture

Les épices très parfumées employées dans cette confiture lui donnent un goût exquis. On peut aussi bien la servir sur des scones anglais qu'avec un rôti de porc.

Truc

On peut trouver de la badiane (appelée aussi anis étoilé) et de la cardamome dans toute épicerie un peu spécialisée.

Cette confiture est très épaisse. Pour la rendre plus onctueuse, ajouter de l'eau.

1 litre	d'abricots séchés, grossièrement hachés	4 tasses
500 ml	d'eau	2 tasses
6	grains de poivre noir	6
5	graines de cardamome	5
2	bâtons de cannelle	2
2	badianes entières ou 5 ml (1 c. à thé) de graines d'anis ou de fenouil	2
	Le jus de 2 citrons	
1 litre	de sucre	4 tasses

1. Dans un bol, mélanger les abricots et l'eau puis couvrir et laisser reposer 24 heures.
2. Mélanger les épices et les ensacher dans de la mousseline. On peut aussi placer celles-ci dans une boule à thé.
3. Mettre les abricots dans l'autocuiseur puis y incorporer le jus de citron. Sceller le couvercle et porter la pression au maximum à feu vif. Réduire le feu à moyen-doux, juste pour garder la pression régulière, et cuire 10 minutes. Retirer du feu et laisser la pression tomber d'elle-même.
4. Jeter le sachet d'épices. Incorporer le sucre aux fruits puis amener à ébullition à feu vif. Faire cuire, à découvert, 3 à 4 minutes ou jusqu'à ce que la confiture se gélifie (voir p. 222). Enlever l'écume qui s'est formée à la surface puis verser la confiture dans des pots stérilisés chauds, en laissant 1 cm (1/2 po) d'espace de tête. Sceller les pots. Cette confiture se garde 1 semaine au réfrigérateur et jusqu'à 1 mois au congélateur.

CONFITURES ET CHUTNEYS

Confiture aux cinq fruits

Donne 1,5 litre
(6 tasses) de confiture

On peut, pour cette confiture d'une belle couleur rubis, se servir de fruits frais ou de fruits surgelés. On peut remplacer le cassis par des pruneaux ou des raisins secs foncés.

500 g	de canneberges	1 lb
250 g	de framboises	8 oz
250 g	de bleuets (myrtilles)	8 oz
250 g	de fraises hachées	8 oz
125 g	de rhubarbe hachée	4 oz
125 g	de cassis séchés (voir ci-contre)	4 oz
	Le zeste et le jus d'1 citron	
1,5 litre	de sucre	6 tasses

1. Dans l'autocuiseur, mélanger les fruits, le zeste et le jus de citron et le sucre. Laisser reposer 30 à 60 minutes. Amener à ébullition en ajoutant 50 ml (1/4 de tasse) d'eau au besoin.
2. Sceller le couvercle et porter la pression au maximum à feu vif. Réduire le feu à moyen-doux, juste pour garder la pression régulière, et cuire 10 minutes. Retirer du feu et laisser la pression tomber d'elle-même.
3. Enlever le couvercle. Faire bouillir rapidement la confiture 3 à 4 minutes ou jusqu'à ce qu'elle se gélifie (voir p. 222). Enlever l'écume qui s'est formée à la surface puis verser la confiture dans des pots stérilisés chauds, en laissant 1 cm (1/2 po) d'espace de tête. Sceller les pots. Cette confiture se garde 1 semaine au réfrigérateur et jusqu'à 1 mois au congélateur.

Mincemeat aux poires

Donne 1,25 litre
(5 tasses) de mincemeat

1,25 kg	de poires parées et hachées	2 1/2 lb
1	pomme verte parée et hachée	1
	Le zeste et le jus d'1 citron	
	Le zeste et le jus d'1 orange	
250 ml	de raisins secs dorés	1 tasse
125 ml	de canneberges séchées	1/2 tasse
125 ml	de cassonade bien tassée	1/2 tasse
5 ml	de cannelle moulue	1 c. à thé
5 ml	de muscade moulue	1 c. à thé
1 ml	de gingembre moulu	1/4 de c. à thé
Pincée	de sel	Pincée
125 ml	de noix de Grenoble (ou de pacanes) grillées	1/2 tasse
125 ml	de cognac ou d'alcool de poire	1/2 tasse

1. Dans l'autocuiseur, mélanger les poires, la pomme, les zestes et les jus de citron et d'orange, les raisins secs, les canneberges, le sucre, les épices et le sel. Amener à ébullition à feu moyen.
2. Sceller le couvercle et porter la pression au maximum à feu vif. Réduire le feu à moyen-doux, juste pour garder la pression régulière, et cuire 10 minutes. Retirer du feu et laisser la pression tomber d'elle-même.
3. Laisser mijoter, à découvert, 10 minutes ou jusqu'à ce que le mélange soit très épais. Incorporer les noix et le cognac et cuire 5 minutes. Placer le mincemeat dans des pots stérilisés chauds, en laissant 1 cm (1/2 po) d'espace de tête et en ayant eu soin de chasser les bulles d'air des pots à l'aide d'un couteau. Sceller les pots. Ce mincemeat se conserve quelques jours au réfrigérateur et plus longtemps au congélateur.

Bouillons et sauces
229

Mode de préparation des bouillons

Grâce à l'autocuiseur, vous pouvez préparer des bouillons riches et sains en moins d'une heure.

C'est pourquoi, au lieu de jeter vos pelures de légumes, vos parures de viandes et de volailles, vos arêtes et parures de poissons, vos carcasses de dindes, congelez-les dans des sacs de plastique jusqu'au moment de les utiliser.

On peut se servir de pratiquement n'importe quel légume pour un bouillon. Toutefois, il est préférable d'éviter les légumes au goût trop prononcé comme les crucifères (choux divers, navet, etc.) et les légumes verts feuillus. À moins de faire un borscht, évitez aussi les betteraves qui donnent aux bouillons une couleur magenta foncé peu invitante. Si vous vous servez de pelures de légumes, assurez-vous qu'elles ont été bien nettoyées avant de les utiliser.

Si vous faites revenir et rôtir les rognures de légumes et de viandes avant de les cuire, vous obtiendrez des bouillons plus foncés et plus goûteux. Si le temps vous presse ou si vous désirez des bouillons plus pâles, sautez tout simplement cette étape.

Il est toujours préférable de ne pas saler les bouillons durant la cuisson mais après.

Pour dégraisser un bouillon, il suffit de le réfrigérer ou de le congeler puis d'enlever la couche de gras qui s'est formée à sa surface. Un bouillon peut se conserver trois jours au réfrigérateur et jusqu'à six mois au congélateur. Vous pouvez aussi réduire vos bouillons au quart de leur volume initial puis les congeler dans un bac à glaçons gardé dans un sac de plastique hermétique. Ceux-ci s'avéreront précieux dans les sauces, les soupes, les ragoûts, etc.

Pour faire une demi-glace (concentré) à partir d'un bouillon foncé (p. 233), faites réduire celui-ci jusqu'à ce qu'il n'en reste plus que 250 ml (1 tasse). Congelez ensuite celui-ci dans un bac à glaçons que vous conserverez au congélateur dans un grand sac à fermeture hermétique. Ces cubes pourront vous servir à donner plus de goût à vos sauces et vos soupes.

Bouillon de légumes

Donne 1,5 à 2 litres (6 à 8 tasses) de bouillon

Vous pouvez utiliser des pelures de carottes et de panais dans cette recette.

30 ml	de beurre ou d'huile d'olive	2 c. à soupe
4	gousses d'ail pelées	4
3	brins de persil	3
2	carottes grattées et hachées	2
2	branches de céleri grossièrement hachées	2
1	gros oignon coupé en quartiers	1
1	panais gratté et haché	1
1	tomate hachée	1
1	feuille de laurier	1
1	brin de thym	1
2 litres	d'eau	8 tasses

1. Dans l'autocuiseur, faire chauffer le beurre à feu moyen. Ajouter tous les ingrédients (sauf l'eau) et les faire revenir 10 minutes ou jusqu'à ce qu'ils aient ramolli. Verser l'eau.
2. Sceller le couvercle et porter la pression au maximum à feu vif. Réduire le feu à moyen-doux, juste pour garder la pression régulière, et cuire 15 minutes. Retirer du feu et laisser la pression tomber d'elle-même.
3. Passer le bouillon dans un tamis fin en pressant les légumes pour en faire sortir tout le jus. Jeter ensuite les légumes.

Bouillon foncé

DONNE 1,25 À 1,5 LITRE
(5 À 6 TASSES) DE BOUILLON

Vous pouvez vous servir de cette recette pour faire un bouillon d'os de porc, de bœuf ou de parures de gibier, d'agneau ou de canard. S'il s'agit d'agneau, mettez plus d'ail. Le bouillon de gibier y gagnera si vous y mettez quelques baies de genévrier et des champignons séchés. Quant au bouillon de canard, une pomme acide en relèvera le goût.

Truc
Pour gagner du temps, placez les os et l'huile (voir recette) dans une rôtissoire et mettez-les au four 1 heure, à 200 ºC (400 ºF). Éliminez ensuite le gras et placez les os dans l'autocuiseur. Suivez ensuite la recette.

30 ml	d'huile végétale	2 c. à soupe
1 kg	d'os de bœuf, de veau ou de porc, coupés en morceaux de 5 cm (2 po)	2 lb
250 ml	de pelures de légumes (oignons, carottes, céleri, poireaux, panais)	1 tasse
1	tomate italienne hachée	1
5 ml	de grains de poivre noir entiers	1 c. à thé
1,5 litre	d'eau froide	6 tasses
250 ml	de vin rouge sec	1 tasse
	Herbes fraîches (thym, persil, romarin, laurier)	

1. Dans l'autocuiseur, faire chauffer l'huile à feu moyen-vif. Y faire rôtir les os, par petites quantités. Éliminer tout excédent de gras. Remettre les os dans la marmite avec les légumes puis faire revenir jusqu'à ce que les légumes commencent à brunir. Ajouter la tomate, le poivre, l'eau, le vin et les herbes.
2. Sceller le couvercle et porter la pression au maximum à feu vif. Réduire le feu à moyen-doux, juste pour garder la pression régulière, et cuire 30 minutes. Retirer du feu et laisser la pression tomber d'elle-même.
3. Passer le bouillon dans un tamis fin en pressant les parties solides pour en faire sortir tout le jus. Jeter le contenu du tamis. Laisser refroidir puis couvrir et réfrigérer. Enlever la couche de gras qui s'est formée à la surface avant de vous servir du bouillon ou de le congeler.

Bouillon de dinde ou de poulet

Donne 2 litres
(8 tasses) de bouillon

Ce bouillon s'avère précieux dans plusieurs plats dont la fameuse soupe au poulet, cet antidote parfait à un rhume d'hiver.

Quand le bouillon est cuit, récupérez la viande des os de poulet ou de dinde et faites-la cuire dans une partie du bouillon avec de petites nouilles aux œufs.

1 à 1,5 kg	d'os de poulet, une petite poule à bouillir ou une carcasse de dinde	2 à 3 lb
5	grains de poivre entiers	5
5	brins de persil	5
2	branches de céleri	2
2	carottes grattées	2
1	panais gratté	1
1	gros oignon coupé en quartiers	1
1	brin de thym frais	1
1	feuille de laurier	1
2 à 3 litres	d'eau froide	8 à 12 tasses

1. Dans l'autocuiseur, mélanger tous les ingrédients (sauf l'eau). Ajouter de l'eau au niveau maximum indiqué par le manufacturier.
2. Sceller le couvercle et porter la pression au maximum à feu vif. Réduire le feu à moyen-doux, juste pour garder la pression régulière, et cuire 20 à 30 minutes (selon la quantité de poulet utilisée). Retirer du feu et laisser la pression tomber d'elle-même.
3. Passer le bouillon dans un tamis fin en pressant les parties solides pour en faire sortir tout le jus. Jeter le contenu du tamis.
4. Laisser refroidir le bouillon puis le réfrigérer toute la nuit. Enlever la couche de gras qui s'est formée à la surface avant de vous servir du bouillon ou de le congeler.

Fumet de poisson

Donne 1,5 à 2 litres (6 à 8 tasses) de fumet

Pour faire une bonne soupe ou une chaudrée de poisson ou de fruits de mer, il est essentiel d'avoir un bon bouillon. Demandez à votre poissonnier de vous donner ou de vous vendre des têtes et des arêtes de poissons ou gardez au congélateur les arêtes et les parures des poissons que vous préparez. Les carapaces des crevettes et des homards donnent aussi d'excellents bouillons. Assurez-vous d'utiliser des poissons pas trop gras tels le flétan, la sole et le turbot. Évitez les restes de saumon qui sont trop goûteux et trop gras.

500 g	d'arêtes et de parures de poisson	1 lb
5	grains de poivre noir	5
2	branches de céleri coupées en gros morceaux	2
1	carotte coupée en gros morceaux	1
1	petit oignon coupé en deux	1
1	feuille de laurier	1
1	brin de thym	1
1	brin de persil	1
2 ml	de graines de fenouil	1/2 c. à thé
125 ml	de vin blanc sec	1/2 tasse
2 litres	d'eau froide	8 tasses

1. Dans l'autocuiseur, mélanger tous les ingrédients sauf l'eau. Ajouter de l'eau au niveau maximum indiqué par le manufacturier. Amener à ébullition et éliminer l'écume qui se forme à la surface du bouillon.
2. Sceller le couvercle et porter la pression au maximum à feu vif. Réduire le feu à moyen-doux, juste pour garder la pression régulière, et cuire 15 minutes. Retirer du feu et laisser la pression tomber d'elle-même.
3. Passer le bouillon dans un tamis fin en pressant les parties solides pour en faire sortir tout le jus. Jeter le contenu du tamis. Laisser refroidir le bouillon et le garder au réfrigérateur ou au congélateur.

Sauce tomate de base (pour pâtes)

Donne 1 à 1,25 litre (4 à 5 tasses) de sauce

Cette sauce très polyvalente se garde 3 jours au réfrigérateur et jusqu'à 3 mois au congélateur.

50 ml	d'huile d'olive extravierge	1/4 de tasse
250 ml	d'oignons hachés	1 tasse
3	gousses d'ail hachées fin	3
1	petite courgette hachée	1
1	grosse carotte hachée	1
250 ml	d'aubergine hachée	1 tasse
125 ml	de poivron rouge ou jaune haché	1/2 tasse
125 ml	de champignons hachés	1/2 tasse
800 ml	de tomates en conserve, broyées	28 oz
5 ml	d'origan séché	1 c. à thé
5 ml	de basilic séché	1 c. à thé
50 ml	de concentré de tomate	1/4 de tasse
5 ml	de sucre	1 c. à thé
1 ml	de flocons de piment rouge séché	1/4 de c. à thé
	Sel et poivre noir fraîchement moulu, au goût	

1. Dans l'autocuiseur, faire chauffer l'huile à feu moyen-vif. Y mettre l'ail et l'oignon et les faire dorer à point. Incorporer les légumes frais et les cuire 5 minutes. Ajouter les tomates, l'origan et le basilic.
2. Sceller le couvercle et porter la pression au maximum à feu vif. Réduire le feu à moyen-doux, juste pour garder la pression régulière, et cuire 8 minutes. Retirer du feu et laisser la pression tomber d'elle-même.
3. Incorporer le concentré de tomate à la sauce. Ajouter le sucre et le piment séché. Assaisonner au goût. (On peut passer la sauce, en tout ou en partie, au mélangeur.)

Ma sauce barbecue favorite

Donne 875 ml
(3 1/2 tasses) de sauce

Rien ne peut remplacer une sauce maison. Celle-ci est à la fois sucrée et piquante, parfaite pour badigeonner les viandes avant de les mettre sur le barbecue. Pour la rendre plus piquante, ajoutez-y une sauce au piment forte (Tabasco ou autre).

3	gousses d'ail finement hachées	3
1	piment chipotle en sauce adobo, haché ou 1 piment jalapeño, haché et 5 ml (1 c. à thé) de fumée liquide	1
1	gros oignon haché	1
125 ml	de cassonade bien tassée	1/2 tasse
15 ml	de basilic séché	1 c. à soupe
15 ml	de piment en poudre	1 c. à soupe
5 ml	de cumin moulu	1 c. à thé
250 ml	de bière brune	1 tasse
250 ml	de ketchup	1 tasse
125 ml	de bouillon de bœuf en conserve, non dilué	1/2 tasse
30 ml	de moutarde de Dijon	2 c. à soupe
15 ml	de sauce Worcestershire	1 c. à soupe
Sel et poivre noir fraîchement moulu, au goût		

1. Dans l'autocuiseur, mélanger tous les ingrédients (sauf le sel et le poivre) et remuer jusqu'à dissolution de la cassonade.
2. Sceller le couvercle et porter la pression au maximum à feu vif. Réduire le feu à moyen-doux, juste pour garder la pression régulière, et cuire 6 minutes. Retirer du feu et vite faire tomber la pression.
3. Assaisonner au goût. Laisser mijoter ensuite la sauce à feu moyen, 10 minutes, à découvert, jusqu'à la consistance voulue. On peut réduire la sauce en purée au mixeur ou au robot culinaire. Cette sauce se conserve jusqu'à 1 semaine au réfrigérateur.

Sauce tomate à la viande

Donne 1,25 litre (5 tasses) de sauce

Servez-vous dans cette recette de chair à saucisse italienne, douce ou forte, de qualité et vous obtiendrez aussitôt une sauce savoureuse à utiliser sur des pâtes ou dans une lasagne.

15 ml	d'huile d'olive extravierge	1 c. à soupe
500 g	de chair à saucisse italienne douce ou forte, écrasée	1 lb
250 g	de bœuf maigre haché	8 oz
4	gousses d'ail hachées fin	4
2	oignons finement hachés	2
1	poivron rouge ou jaune haché	1
250 ml	de champignons finement hachés	1 tasse
1	carotte râpée	1
12 ml	d'origan séché	2 1/2 c. à thé
2 ml	de graines de fenouil	1/2 c. à thé
1	feuille de laurier	1
5 ml	de sucre	1 c. à thé
500 ml	de tomates italiennes en conserve broyées ou réduites en purée	2 tasses
500 ml	de jus de tomate	2 tasses
125 ml	de vin rouge	1/2 tasse
50 ml	de concentré de tomate	1/4 de tasse
15 ml	de pesto ou de basilic frais haché	1 c. à soupe
	Sel et poivre noir fraîchement moulu, au goût	

1. Dans l'autocuiseur, faire chauffer l'huile à feu moyen. Y faire revenir les deux viandes, en les défaisant à la fourchette, jusqu'à ce qu'elles aient perdu leur couleur rose.
2. Ajouter l'ail, les oignons, le poivron et les champignons et les faire revenir 5 minutes. Incorporer la carotte, l'origan et le fenouil et cuire

Truc

Pour donner un style grec à votre sauce, remplacer le basilic ou le pesto par 2 ml (1/2 c. à thé) de cannelle moulue.

Pour épaissir rapidement la sauce, au lieu de la faire mijoter, mélangez bien à la fourchette 15 à 30 ml (1 à 2 c. à soupe) de beurre à autant de farine tout usage. Incorporez ensuite ce mélange dans la sauce et laissez mijoter celle-ci 5 minutes ou jusqu'à ce qu'elle ait épaissi.

1 minute de plus. Ajouter enfin le laurier, le sucre, les tomates, le concentré de tomate et le vin.

3. Sceller le couvercle et porter la pression au maximum à feu vif. Réduire le feu à moyen-doux, juste pour garder la pression régulière, et cuire 20 minutes. Retirer du feu et vite faire tomber la pression.
4. Laisser mijoter la sauce, à découvert, pour la faire réduire un peu. Incorporer le pesto et assaisonner au goût. Cette sauce se garde 2 jours au réfrigérateur et jusqu'à 1 mois au congélateur.

Sauce piquante Ranchero

Donne 1 à 1,25 litre
(4 à 5 tasses) de sauce

Cette sauce originaire du sud-ouest des États-Unis peut se servir sur des pâtes, des pains de viande ou dans des enchiladas. On peut aussi l'utiliser pour braiser du poulet.

16	tomates italiennes (2 kg / 4 lb environ) parées et coupées en deux	16
12	piments serranos épépinés et coupés en deux	12
6	gousses d'ail pelées	6
2	gros oignons doux hachés	2
250 ml	de bière	1 tasse
30 ml	de miel (ou au goût)	2 c. à soupe
	Sel, au goût	
250 ml	de coriandre hachée	1 tasse

1. Dans l'autocuiseur, mélanger les tomates, les piments, l'ail, les oignons et la bière. Sceller le couvercle et porter la pression au maximum à feu vif. Réduire le feu à moyen-doux, juste pour garder la pression régulière, et cuire 7 minutes. Retirer du feu et vite faire tomber la pression.
2. Passer la sauce dans un tamis fin, en réservant le liquide. Réduire les légumes en purée au robot culinaire. Mettre la purée dans la marmite et y incorporer du miel, au goût. Ajouter une partie du liquide réservé pour rendre la purée plus lisse. Saler au goût et n'ajouter la coriandre qu'au moment de servir.

Index général

Abricots, 201, 225, 226
Agneau (recettes), 50, 108, 122, 124, 126, 128
Agneau à l'indienne, 122
Angleterre (recettes), 50, 204
Artichauts braisés à l'aïoli et au poivron rouge, 30
Asie (recettes), 51, 72, 118, 126, 138, 142
Aubergines, 37, 72, 118

Bacon, 56, 175
Barbecue (sauce), 100, 237
Bière, 76, 98
Biryani, voir Riz à l'indienne
Bison, 94
Bisque aux champignons et aux pommes de terre, 64
Blé entier, 182
Bœuf (recettes), 40, 94, 96, 98, 100, 102, 104, 122, 175, 178
Bœuf barbecue sur petit pain, 96
Borscht aux légumes, 54
Bouillon de dinde ou de poulet, 234
Bouillon de légumes, 232
Bouillon foncé, 233
Bouillons, 230-235
Boulettes de poulet à la marocaine et sauce tomate crémeuse, 42
Boulettes de viande, 36, 42, 106
Boulettes de viande suédoises, 106

Cajun, voir Louisiane
Canard, 82
Caponata, 37
Casserole de riz sauvage aux champignons et aux châtaignes, 189
Céréales, 167-190
   voir aussi Blé, Orge, Riz, Riz sauvage, Sarrasin, Seigle
Champignons, 64, 65, 81, 180, 187, 189
Châtaignes, 166, 189
Châtaignes au chou rouge et aux pommes, 166
Chili (plats), 154, 176, 178
Chili aux haricots noirs, 176
Chili de porc et de bœuf aux piments anchos, 178
Chili végétarien à l'orge, aux lentilles et aux haricots noirs, 154
Chou rouge, 110, 166
Chutneys, 222
Cognac (sauces au), 201, 214
Compote de fruits d'hiver, 212
Compotes, 206, 212
Confiture aux cinq fruits, 227
Confiture d'abricots, 225
Confiture d'abricots séchés, 226
Confiture de fraises, 224
Confitures, 222-227
Coq au vin, 78
Côtelettes de porc au chou rouge et aux pommes, 110

Côtes de bœuf à la sauce barbecue, 100
Couscous, 84, 90, 158
Couscous aux légumes, 158
Crème anglaise, 217
Crème caramel au lait de coco, 204
Crème fraîche (recette), 92
Crème renversée au citron et compote de petits fruits, 206
Cuisses de poulet au curry et au couscous, 90
Curry (plats au), 78, 90, 118, 122, 156
Curry d'agneau aux lentilles, 126
Curry de lentilles aux épinards, 156

Darnes de flétan aux poivrons, 144
Desserts, 191-220
Dhal et pappadams (Inde), 33
Dinde, 82, 234
Dinde aux pruneaux et à l'armagnac, 82

Entrées, 29-44
Épaule d'agneau braisée à la grecque, 128
Épaule de porc style Kansas City, 114
Espagne (recettes), 124, 136, 162, 174
Europe de l'Est (recettes), 52, 54

Feuilles de vigne farcies au bœuf et au riz, 40
Fèves, 167
Flétan, 144
France (recettes), 30, 78, 82, 134, 146
Fricassée de poulet à la jamaïcaine, 88
Fruits (petits), 206, 227
Fruits de mer, 131, 136, 138, 140, 187
Fumet de poisson, 235

Garam masala, 46, 90, 164
Gâteau au citron et aux graines de pavot, 208
Gâteau au fromage au café et à l'orange, 198
Gâteau au fromage au citron et à la lime, 192
Gâteau au fromage aux chocolats noir et blanc, 195
Gâteau au fromage aux tomates séchées, 38
Glaçage au vin rouge, 132
Gombo de fruits de mer à la louisianaise, 140
Gombo louisianais aux haricots noirs, 60
Goulasch de porc aux bolets, 116
Grains de blé entier à la carbonara, 182
Grèce (recettes), 40, 128, 238

Haricots blancs à la navarraise, 174
Haricots blancs au jambon et au cheddar, 173
Haricots blancs et côtes levées de bœuf, 175
Haricots blancs style Boston, 160
Haricots de Lima et bacon braisés, 175
Haricots rouges et orge au goût des Caraïbes, 162
Haricots secs (recettes), 36, 48, 52, 60, 62, 66, 154, 160, 162, 167, 173, 174, 175, 176
    voir aussi Légumineuses
Harira, 58
Hoummos, 32

INDEX

Inde (recettes), 33, 46, 90, 122, 156, 164, 188
Italie (recettes), 37, 66, 108, 183, 184, 187

Jamaïque (recette), 88, 162

Lapin, 82
Légumineuses, 27, 168-171
 voir aussi Fèves, Haricots, Lentilles, Pois cassés, Pois chiches
Lentilles (recettes), 126, 146, 154, 155, 156, 175, 180
Lentilles crémeuses et cheddar, 155
Louisiane (recettes), 60, 76, 102, 140
Loup de mer, 134, 136
Loup de mer braisé à la provençale, 134

Ma sauce barbecue favorite, 237
Marinades, 88, 100
Mexique (recettes), 48, 104, 112, 176
Mincemeat aux poires, 228
Mode de préparation des bouillons, 230
Mode de préparation des confitures et des chutneys, 222
Mode de préparation des fèves et des haricots secs, 168
Morue, 136
Moules, 136, 187
Moyen-Orient (recettes), 32, 42, 58, 84, 158

Orge (recettes), 50, 62, 65, 154, 162, 163, 190
Orge à la menthe et aux légumes-racines, 190

Osso buco, 108

Pasta e fagioli (Italie), 66
Pâte de curry, 51, 72
Piments, 47, 104, 172, 178
Plum pudding, 214
Poires, 210, 228
Poires pochées au vin rouge épicé, 210
Pois cassés, 33, 56
Pois chiches (recettes), 32, 34, 58, 148, 150, 152
Pois chiches épicés, 34
Poissons, 131-144
 voir aussi Flétan, Loup de mer, Morue, Rouget, Saumon
Poitrine de bœuf à la mexicaine, 104
Polenta, 151
Pommes de terre et pois chiches à l'espagnole, 152
Porc (recettes), 106, 110, 112, 114, 116, 118, 120, 178
Porc et aubergine à la saïgonnaise, 118
Pot-au-feu écossais, 50
Pouding au chocolat et crème anglaise à la vanille, 217
Pouding au riz et aux canneberges séchées, 220
Pouding aux abricots à la sauce au cognac, 201
Poudings, 201, 204, 214, 217, 220
Poulet (recettes), 42, 69-92, 234
Poulet à la sauce aux champignons, 81
Poulet au saucisson et au riz, 80
Poulet du dimanche de grand-maman, 74
Poulet entier rôti au citron, à l'ail et aux herbes, 86
Poulet et nouilles à la thaïlandaise, 72

Poulet rapide à la dijonnaise, 92
Prosciutto, 66, 136, 152, 174

Ragoût d'agneau à l'espagnole, 124
Ragoût de bœuf épicé à la bière, 98
Ragoût de champignons, saucisses et lentilles braisés, 180
Ragoût de fruits de mer au curry, 138
Ragoût de morue (cabillaud) et de moules aux tomates et aux olives vertes, 136
Ragoût de pois chiches et de légumes, 150
Ragoût de poulet à la louisianaise, 76
Ragoût de poulet aux légumes, 70
Ragoût de poulet marocain au citron (Tagine), 84
Ragoûts, 70, 74, 76, 98, 116, 124, 136, 138, 150, 180
Risotto à l'ail rôti et au fromage, 186
Risotto au safran, 183
Risotto aux champignons et aux crevettes, 187
Risotto aux légumes rôtis et aux feuilles de betteraves, 184
Risotto d'orge Primavera, 163
Risottos, 163, 183-187
Riz (recettes), 40, 60, 80, 163, 164, 183-189, 220
Riz à l'indienne (Biryani), 164
Riz pilau (Inde), 188
Riz sauvage, 189
Rôti de bœuf (ou de bison), 94
Rôti de porc au calvados et aux fruits, 120
Rouget aux haricots noirs fermentés et au miso, 142

Salade chaude de lentilles au citron, 146
Salade de pois chiches aux poivrons et à l'oignon, 148
Salades, 146-149
Sarrasin, 182
Sauce piquante Ranchero, 240
Sauce tomate à la viande, 238
Sauce tomate de base (pour pâtes), 236
Sauces, 42, 74, 100, 201, 214, 236-240
Saumon au vin rouge à la vapeur, 132
Seigle, 182
Soupe à la citrouille, 57
Soupe au jambon et aux pois cassés, 56
Soupe aux haricots rouges et au saucisson ukrainien, 52
Soupe aux légumes-racines, 47
Soupe d'hiver aux champignons et à l'orge, 65
Soupe épicée aux haricots et à l'orge, 62
Soupe épicée aux patates douces, 46
Soupe marocaine aux pois chiches (Harira), 58
Soupe mexicaine aux haricots pinto, 48
Soupe thaïlandaise au curry vert et aux patates douces, 51
Soupes, 45-68
Steak de ronde à la louisianaise, 102

Tagine, 84
Temps de cuisson des céréales, 26
Temps de cuisson des fruits, 25
Temps de cuisson des légumes, 25
Temps de cuisson des légumineuses, 27
Temps de cuisson des viandes et des volailles, 26

INDEX

Thaïlande (recettes), 51, 72
Tortillas au porc, aux tomates vertes et aux piments, 112
Trempette aux haricots blancs, 36
Trempettes, 32, 33, 36

Veau, 108
Végétariens (plats), 145-166

Viandes, 93-130
   voir aussi Agneau, Bison, Bœuf, Lapin, Porc, Veau
Vinaigrette au citron, 146
Volailles 69-92
   voir aussi Canard, Dinde et Poulet

Index par aliment

Abricots, 201, 225, 226
Agneau, 50, 108, 122, 124, 126, 128
Aubergines, 37, 72, 118
Bacon, 56, 175
Bière, 76, 98
Bison, 94
Blé entier, 182
Bœuf, 40, 94, 96, 98, 100, 102, 104, 122, 175, 178
Canard, 82
Céréales, 167-190
Champignons, 64, 65, 81, 180, 187, 189
Châtaignes, 166, 189
Chili, 154, 176, 178
Chou rouge, 110, 166
Cognac (sauces au), 201, 214
Couscous, 84, 90, 158
Crème anglaise, 217
Curry, 78, 90, 118, 122, 156
Dinde, 82, 234
Fèves, 167

Flétan, 144
Fruits (petits), 206, 227
Fruits de mer, 131, 136, 138, 140, 187
Haricots secs, 36, 48, 52, 60, 62, 66, 154, 160, 162, 167, 173, 174, 175, 176
   voir aussi Légumineuses
Harira, 58
Lapin, 82
Légumineuses, 27, 168-171
   voir aussi Fèves, Haricots, Lentilles, Pois cassés, Pois chiches
Lentilles, 126, 146, 154, 155, 156, 175, 180
Loup de mer, 134, 136
Morue, 136
Moules, 136, 187
Orge, 50, 62, 65, 154, 162, 163, 190
Piments, 47, 104, 112, 178
Poires, 210, 228
Pois cassés, 33, 56
Pois chiches, 32, 34, 58, 148, 150, 152

Poissons, 131-144
  voir aussi Flétan, Loup de mer,
    Morue, Rouget, Saumon
Polenta, 151
Porc, 106, 110, 112, 114, 116, 118,
  120, 178
Poulet, 42, 69-92, 234
Prosciutto, 66, 136, 152, 174
Rouget, 142
Riz, 40, 60, 80, 163, 164, 183-189,
  220
Riz sauvage, 189

Sarrasin, 182
Saumon, 132
Seigle, 182
Tagine, 84
Veau, 108
Végétariens (plats), 145-166
Viandes, 93-130
  voir aussi Agneau, Bison, Bœuf,
    Lapin, Porc, Veau
Volailles 69-92
  voir aussi Canard, Dinde et Poulet

Index par pays

Angleterre, 50, 204
Asie, 51, 72, 118, 126, 138 ,142
Cajun, voir Louisiane
Espagne, 124, 136, 162, 174
Europe de l'Est, 52, 54
France, 30, 78, 82, 134, 146
Grèce, 40, 128, 238

Inde, 33, 46, 90, 122, 156, 164, 188
Italie, 37, 66, 108, 183, 184, 187
Jamaïque, 88, 162
Louisiane, 60, 76, 102, 140
Mexique, 48, 104, 112, 176
Moyen-Orient, 32, 42, 58, 84, 158
Thaïlande, 51, 72